人類学者の落語論

川田順造

青土社

人類学者の落語論　目次

第2部

第3部

人類学者の落語論

まえがき

敗戦の年、昭和二十年小学五年生のとき、落語研究者今村おじの手引きで、当時の東宝名人会にサツマイモ入り弁当を持って通い、生《なま》の落語に耳を開かれ、長じて西アフリカ・サバンナのモシ王国で、何百とアフリカ落語を堪能した、おそらく他に類のない、そして今後の世界では二度とありえない「落語人生」を経験した著者の、拾遺《しゅうい》の一つが今度の本だ。

私が聴いたアフリカ落語の中にも、「あれを返してもらえなかったカエル」や「目を返してもらえなかったキンキルガ」のように、ホモ・サピエンス（知恵のあるヒト）の名に恥じるべき人間のずるさが、リアルかつ明快に描かれている、私見では「世界的名作」と呼ぶに値するお話も今度の本に収録されており、ウサギが悪知恵を働かせて大行進を組織し、ほかの動物たちを皆殺しにしてしまうというだけの、他愛ない、だがゴーデン村で人気抜群の飲み助青年アントワーヌの、自分も笑いながらの語り絶妙のお話もある。

勿論サバンナのお話の名コンビ、知恵のある、すばしこいウサギと、その真似をして失敗する、欲張りでドジなハイエナ（モシ語でハイエナはkatre「カットレ」と呼ぶ。歩き方の擬態語に由来する名だ）のお話も、著者とサバンナ体験を共にした小川待子の挿絵付きで、たっぷり入っている。

この本に収録されているお話や歌の大部分は、カセット・ブック『サバンナの音の世界』（白水社）で直接聴くことができる。これらの語り手たちの興味深い系譜関係は、本書第二部7に図示した。

あとはただ、ページを繰《く》っていただくだけだ。

序

落語についての幾つかのこと

日本の落語は、中国の「相声」の一種である「単口相声」dānkǒu xiàng・sheng と共に、単一の話者が一人称で複数の人物を話し分ける、世界でも稀な話芸である。中国では「単口相声」が、演者の激減で消滅の危機に瀕しているといわれるが、日本での落語は、テレビやCDなどの新しい媒体にも適合して、演者数、愛好者数からみても、正確な数はつかめないが、空前の盛況にあると言えるのではないだろうか。

話芸の形式としての、落語の特徴

1） 話者は一般に着流しの和服で、座布団の上に正座して演じる。上方では、いわゆる講釈と共通して、見台《けんだい》、膝隠しを前に置き、張り扇と小拍子を使うこともある。

明治に落語の速記を始めた今村次郎等が創始した落語研究会では、ハナシ家は着流しでなく袴《はかま》を着用し、それまでの寄席で一般的だったように、客がその場で注文したハナシを演《や》るのではなく、あらかじめ演目を予告し、十分に時間をかけて練っておくという原則が設けられた。

演目を予告した上で口演することとは、「ホール落語」でも継承された。これは、音声による言述のテキスト化志向によって、言語表現の彫琢《ちょうたく》には貢献したであろうが、同時に、生きた「座の芸」であった落語を「古典化」し、文字化を進めることへも結びついたもので、功罪相半ばすると私は考える。ただ、「座の芸」の場としての寄席が、客席での飲食もままならぬ「芸能鑑賞の場」とならざるを得なくなった、昭和十年代以降の都市生活での噺《はなし》の場の変質を考えれば、時代の流れとして、やむを得なかったとは思う。

2) 単一の話者による、一人称を多用した発話。ハナシの場が変わり、主人公が移動する場合でも、主人公の独り言や、一人称による情景描写によって移動を聴衆に分からせることが多い。独り言自体が、主人公の内面描写として意味をもっている。単一の話者が同じ場にいる複数の人物を演じ分ける場合、「上下《かみしも》を切って」発話者を区別する。つまり顔や上体の向きを僅かに左右に変え、表情や声も変えることによって、複数の老若男女を同時に登場させることができる。話芸としての日本の落語の、大きな特徴である。

3) 原則として、扇、手拭いだけを使って、多様なものを表す。ハナシ家がカゼと呼ぶ平骨《ひらぼね》の扇（折り畳んだとき、親骨の幅が地紙の幅と同じ扇、落語など特定の芸能で使う）、これは、箸《はし》、筆、煙管《きせる》、包丁、刀、艪《ろ》などとして頻繁に使われるが、仕草や目線で補って、釣り竿や、川船を進める棹《さお》のような長いものも表せる。「ちょっとひろげて徳利にも見せれば、少しずつひろげて巻紙にもなり、いっぱいにひろげて大盃にもして見せる」（今村、2000：83）。

上方では、親骨の幅の狭い、万歳扇を使い、見台を出したときは、張扇と、小さい拍子木を使い、それで見台を叩きながらハナシをする（山本、2013：21）。ハナシ家がマンダラと呼ぶ手拭は「十六に畳んで、ある時は懐中から取出して紙入れや財布として扱い、またある時は腰の辺りから取出して煙草入れにして見せる」（今村、2000：83）。

八代目桂文樂は、ある時期以後、手拭でなく純白のハンケチを使い、これはユニークで、お洒落《しやれ》な印象を与えた。最後の内弟子だった柳家小満んさんから伺ったところでは、戦前お座敷で一緒になった講釈の六代目一龍斎貞山が白いハンケチを使っていたのに刺激を受けたという。ハンケチは毎日自分で洗って、湯殿の鏡に貼り付けた。ハナシ家では他に類がなく、平成四年（一九九二）に襲名した九代目桂文樂も、内弟子だった小満んも、ハンケチは使っていない。小満んさんのお話では、ハンケチを手拭いの代わりに使うのは、技術的に大層むずかしいという。

　このように、扇と手拭、ハンケチで多様なものを、ある意味では実物以上に味わい深く表現するのは、能や茶道、日本庭園などと通底する、日本的美意識「見立て」の心に発しているものではないだろうか。

4）　内容の種類によって、落し噺＝滑稽噺と、人情噺（芝居噺、講釈種なども含めて）に大別することもできる。

5）　冒頭にマクラ、落し噺では末尾にオチ＝サゲをつける。マクラでは、本題のハナシに関連する小咄で、軽く笑いを誘って雰囲気を作る。生活習俗の変化の激しい現代では、ハナシの時代的背景などをそれとなく説明する意味ももっている。オチ＝サゲをどのように分類するかは、議論のあるところだが、ここでは、今村信雄が挙げている十二種のサゲを、列挙するにとどめる（今村、2000：175~179）。

1．考え落　2．地口落

3．回り落　4．さかさ落

5．見立て落　6．トントン落

7．はしご落　8．仕込み落

9．まぬけ落　10．しぐさ落

11．ぶっつけ落　12．トタン落

いうまでもなく、これらすべての特徴は、現代において「伝統的」「古典的」と考えられているものをかなり一般化して述べたものであるに過ぎず、過去においてと同様、現代でも変貌しつつある。ただ、ここに挙げた五つの特徴は、他の話芸にはない落語の基本的な魅力を形づくっているとは言えるだろう。

ハナシにおける二つの指向

落語においても、言述一般におけるのと同様、ハナスという行為の性格に、二つの対立する指向を認めることができる。言語学で用いられている用語を、やや比喩的に適用すれば、連辞《れんじ》的（syntagmatic）と範列《はんれつ》的（paradigmatic）である。

本書で私が、昭和落語の二人の名人として取りあげる八代目桂文樂と五代目古今亭志ん生のハナシでは、文樂は連辞的指向を強く帯びており、これと対比される古今亭志ん生のハナシは、範列的指向をもっていると言える。

有名な「文樂ノート」などによって、文字を通じても彫琢《ちょうたく》された文樂のハナシは、構成要素がA↓B↓Cと時間軸に沿って緊密に継起するように、練習によってハナシ家の内に装着されており、その時の状況で、B↓A↓CやC↓B↓Aになることはあり得ない。そしてハナシの登場人物には、何の誰兵衛でなく、細かく固有名詞がつけられる。

志ん生に典型を見る範列的指向では、ABCという構成要素が揃っていることが大切なので、継起における順序は第一義的な重要性をもたない。実際、志ん生の長い人情話で、同一人物が別の名で指示されたりすることは多かったし、晩年、円熟はしていたが体力的には衰えた高座で、固有名が咄嗟《とっさ》に思い出せなくて、「エー、そのどうでもいい名前のシト」とやって、それがまた聴衆の笑いを呼ぶという場面に、私も居合わせたことがある。

文樂と志ん生は、昭和落語の巨人として、二つの指向を典型的に体現していたが、他のハナシ家も、連辞的と範列的という相反する指向を、さまざまな度合いで持ちながら、高座を務めているといえる。私がここで『厩火事《うまやかじ》』を、アフリカの夜のお話とも連続する視野で、日本の話芸の一典型としてとりあげたのも、『厩火事』はこの二巨人のライヴも含めた異なる時期の録音が三点ずつ、口演速記の他に遺っているという理由が大きい。

私は、西アフリカ・ブルキナファソ南部のテンコドゴ地方で採録した六〇〇余りの「お話」に、日本の古典落語の一話型『厩火事』を加えて、ハナシの展開を、連辞的と範列的という二つの極限概念を用いて、Ⅰ、Ⅱ、Ⅲ、Ⅳの四類型に分け、そのⅣに

『厩火事』を置いた。

一般に、登場人物の固有名詞や個別性の大きい出来事にみちた、例えば三遊亭圓朝の『真景累ケ淵』、『塩原多助一代記』など長編の怪談や人情噺では、再発話化においても、かなりの程度連辞性に拘束されないと、物語そのものが成り立たなくなる。これに対し、日本昔話の話型『とろかし草』に原型を見出せる落語『そばの羽織』や、昔話起源ではないが『茶の湯』『花見酒』『寝床』などは、口演における自由度が大きく、多くのハナシ家によって、きわめて多様な形で、いわば範列的に演じられてきたネタといえるだろう。

「生きた座の話芸」の再興を

私がとくに問題にしたいと思うのは、かつての「生きた座の話芸」の場であった寄席が、江戸時代の落首《らくしゅ》のように持っていたはずの、世相風刺というよりは社会批判の機能が、現代の寄席、とくにホール落語には、失われたか著しく希薄になったことである。

十七世紀末フランスに生まれたといわれるヴォードヴィル vaudeville は、歌や踊り、マイム、ドタバタ芝居のうちに社会風刺をこめた酒場芸、放浪芸、市場の芸として、米国など他の西洋諸国にも広まり、若き日のチャップリンやキートンが芸を磨く場ともなり、ロシアのチェーホフも大好きで自分でも台本をいくつも書いているが、日本の寄席にもかつてあったはずの、社会風刺をこめたお笑いは、落語の「古典芸能化」が進むのと反比例して、失われてきているのではないだろうか。

この点で私が注目し、評価したいのは、春風亭小朝の独演会、ないしはピアノ演奏や他の落語家のハナシも伴った催しである。現代日本におけるヴォードヴィルの萌芽として、社会批判の機能を帯びている。春風亭小朝は、私が録音で聴いて知っている限りでも、昭和五十五年（一九八〇）二十五歳で真打ちに昇進した頃、すでにいわゆる古典落語の数々を見事に、単なる継承でなく、新しい工夫を加えて口演しており、いきなり現代風のハナシ芸に挑戦したわけではない。さらに、大ホールでの催しの抜群の聴衆動員力に加えて、私が感動するのは聴衆が多種多様であることだ。

小朝の活動は、映画への出演や音楽演奏など多岐にわたってはいるが、落語の独演会で重いテーマに取り組んでいるだけでなく、ナマの落語に接する機会の少ない土地で、積極的に独演会を行っていることも評価したい。

（参考文献抄は、巻末に掲載）

第
1
部

1 イモ入り弁当を持って東宝名人会へ通う

最近は、落語との初めの出会いが、テレビでの人が多いようだ。確かに、高座のテレビ放送だけでなく、落語家が司会するクイズ番組のようなものも含めると、落語とテレビの結びつきは、極めて密接なようだ。食事をする部屋にテレビを置かないわが家で、私はそもそもテレビを、ごく限られた番組でしか観ないし、テレビの落語に接したことは一度もない。

敗戦の年昭和二十年秋、東京の東宝劇場が「アーニー・パイル劇場」という名で進駐軍に接収される前の屋根裏小劇場で、第三次落語研究会を立ち上げる前の今村信雄おじに連れられて、まだ劇場で弁当など売っていなかったのでサツマイモのたくさん入った弁当を持って、小学五年生だった私は、東宝名人会という名称だった会に通い、楽屋で師匠たちに紹介されたあと、ナマの高座を堪能した。

戦争中、私は自分でも落語を書いて、同じ市川市に住んでいた今村のおじに見せたことがあって、東宝名人会の楽屋で並みいる師匠たちに「この子は落語を書くんですよ」と紹介され、当時カタカナ言葉混じりの落語で人気を博し、トリを務めていた初代柳家権太楼師匠が、すかさず「ほう、スクールボーイが落語を書くのか」と大声で言ったので、六代目春風亭柳橋や三代目三遊亭金馬など、火鉢を囲んでいた師匠たちが声を立てて笑い、私は、真っ赤になって身の置き所に困った。

言われてみれば、私が当時の国民学校（今の小学校）四年生の頃、「落語のようなもの」を書いて、今村のおじに見せたことは確かだが、私自身スッカリ忘れていた。「長屋の花見」のような仕立ての噺だったと思う。

初代柳家権太楼は、当時、「柳家権太楼も一己《いっこ》のアーチストである。どことなく垢抜けがしている」といった片言の英語混じりの、独特の語り口で人気をさらい、東宝名人会でも、この時のように六代目春風亭柳橋や三代目三遊亭金馬などといった、ベテランの大師匠たちを抜いて、真打《しんうち》をつとめていた。

戦争中、私が落語（のようなもの）を書いたのは、昭和十八（一九四三）年、NH

初代柳家権太楼の高座姿

敗戦の年に作られ、翌昭和21年1月3日に一般公開された斎藤寅次郎監督の東宝映画『東京五人男』の一人に、古川緑波、横山エンタツ、花菱アチャコ、石田一松などのベテラン喜劇俳優にまじって抜擢された、初代柳家権太楼演じる北村権太は国民酒場のぼんやり従業員。役名の苗字「北村」は柳家権太楼の本名北村市兵衛からという。

Kラジオで毎週金曜の夜、落語が必ず入る「前線へ送る夕べ」という番組があって、それを楽しみに聴いていて、落語が好きになったからだ。だから初めて落語に接したのはラジオでだった、というべきだろう。

一九四三年、昭和でいうと昭和十八年、日本放送協会が毎週金曜日の夜八時から確か二時間、短波放送で実際に前線の日本兵に向けて送っていた「前線へ送る夕べ」という番組に、必ず寄席中継のような形で落語が入るので、私はそれを聴くのが楽しみだった。

ヴァイオリンが奏でる、ハイケンスのセレナーデの和やかな導入に続いて、「北の大地の寒さの中、灼熱の南洋で、日夜正義のためにご奮闘中の皇軍の皆様」という言葉で始まるこの娯楽番組によく登場し、私が好きだったのは七代目林家正蔵で、大袈裟な奇声混じりの『素人鰻』、歯切れの良いギャグ、戦後実子林家三平に引き継がれた「どうもすみません」などが印象に残っている。

だから私の落語初体験は、小学五年生の東宝名人会ではなく、九歳、国民学校二年生の時、ラジオを通じてだった。

翌年八月にサイパン島が米軍の手に落ち、十一月にはB－29が東京を初空襲する戦局の展開の中で、東京から発信する短波放送など米空軍を利するだけだから、この番組もいつまで続いたのか。ハイケンスはオランダ生まれだが、第二次大戦中ナチスドイツに協力したため、戦後までドイツで幽閉中、一九四五年六月二十八日に独房で首吊り自殺した。

この番組のはじまりを告げるテーマ音楽は、バイオリンが柔らかく奏でる、ハイケンスのセレナーデだった。いつか武満徹さんとお話したとき（『音・ことば・人間』という題で、武満さんと往復書簡を岩波書店の月刊誌『世界』に連載する直前の昭和五十二、三年だった）、落語好きで私より四歳年上の武満さんも、「前線へ送る夕べ」を楽しみにしていたそうで、わが家での夕食の最中だったが、「タッタッター、タッタッター、タッタタッタターター」と大声で歌い出したのが、とても印象的だった。私は今でも、このセレナーデのメロディーを、全曲歌える。

ハイケンスはオランダ人だったが、ナチスに協力したということで、戦後は表向きあまり演奏されなくなったようだ。だがこの奇妙に心にしみるセレナーデは、現在の日本でも、鉄道や高速乗合バスの車内放送チャイムやデパートの開店音楽に、第一主題の旋律の末尾や、もっと長い部分が、用いられている。

2 現場の人、今村信雄おじさん

私に落語の手引きをしてくれただけでなく、昭和の落語界に大きな足跡を残した今村信雄について、述べておかなければならない。今村信雄は、落語速記の草分けで落語研究会の創始者の一人だった今村次郎の子として、明治二十七年に東京浜町で生まれた。学歴は不明だが、大学、専門学校などへは行かなかったのではないか。早くから父のよき協力者であり、慶応四年生まれ昭和十二年没の次郎の遺志を継いで戦後の第四次まで、落語研究会を支えつづけた。

落語研究会は、日露戦争二年目の明治三十八年三月に、今村次郎が劇作家の岡鬼太郎らと語らって、初代三遊亭圓左、四代目橘家圓喬、三代目柳家小さんといった、当時の錚々《そうそう》たる名人、大師匠を結集して生まれた。

後の時代からみて第一次となるこの研究会は、日露戦争中の寄席の不景気に伴う落語の御都合主義、切り売りがもたらす頽廃に危機感を抱いた有志の集まりだったが、一般の落語愛好者からも、広く熱い支持を得たようだ。

こうして出発した落語研究会、噺家があらかじめ演目を決めて公表し、羽織袴《はおりはかま》で演じるという、後のホール落語の原型ともなる一種の作品中心主義、落語の〝正統〟探求の運動が、明治末から昭和末にかけて、その功罪の評価はさておき、落語の古典化に果たした役割は大きい。そして戦後の荒廃から立ち直っての第三次、第四次まで、この落語研究会を一貫して切り盛りしたのが、今村次郎、今村信雄父子だった。

信雄は、父親と同様自分で落語の速記もする一方、『試し酒』などの新作ものこしている。噺家の世話もまめに焼いたし、とにかく徹底した〝現場の人〟だった。その点が書斎の評論家とはまるで違う。小柄、色白、無口、旧式の黒ぶち眼鏡をかけ、身なりには無頓着。いつもちょっと首をかしげ、「世の中、何がそんなに面白いか」といった面持ちをしていた。腰が軽く、世話好き、酒好き、飄逸《ひょういつ》、無欲で、落語のことしか頭にない人だった。

昭和三十四年も押し詰まった師走の二十九日、千葉県市川市の自宅で脳溢血のため急死。享年六十五歳。先祖代々の菩提寺、新宿住吉町の浄土宗安養寺に葬られた。

一人の息子は父の仕事を継がず、すでに世を去っている。信雄が関東大震災の少し前に結婚した、八歳年下の喜代は席亭の娘で、長屋のおかみさん風のあけすけな性格だった。教養豊かで万事にやかましかった姑《しゅうと》の次郎夫人に、散々泣かされたらしい。戦中戦後の信雄の困窮時代には、針仕事で家計を助けたというが、派手好きで、信雄の死後息子夫婦やその子たちとの同居生活でも、勝手気儘なライフスタイルで生き通し、九十二歳で平成六年に他界した。

今村家と私の家との関係は、昭和五十七年に亡くなった母から昔聞かされたことがあるが、きれいに忘れた。今となっては正確に教えてくれる人は一人もいない。日清・日露両戦争間の時代に、母の母が、川越新河岸の薪炭《しんたん》問屋島村家から、深川小名木川岸の米問屋「上仙」の川田家へ、新河岸川から隅田川を船で下って嫁入りした時、浜町の今村家を中宿《ちゅうやど》にしたという話は、私が大学生時代に作った母からの聞き書きノートに書いてある。島村家と今村次郎夫人の実家とが縁つづきだったので、そうなったということも、母から聞いた。

いずれにせよ、今村家と川田家は、ごく遠い縁続きでしかないのだが、祖父や父が書き遺した祝儀不祝儀の古い帳面を見ると、親戚づきあい十二、三軒のなかに、今村次郎さんも、代が替わってからは信雄さんも、いつも名前が書いてあるし、ほかにもいろいろな形で接触があった。

東京時代の家も、隅田川をはさんだ目と鼻の先で近かったし、家付き娘だった母の次の次の妹は、新大橋の呉服屋へ嫁ぐ前、震災後浜町から柳橋に移っていた今村邸で、次郎夫人にお花を教わっていた。今は故人となったこの叔母が晩年、私に詳しく話してくれたのを書き留めてあるのだが、今村さんの家はいつも噺家や芸人が大勢集まっていて、それは賑やかだったという。色白で目がくりくりして、陽気できゃんな下町娘の見本のようだった叔母は、芸人たちにも可愛がられたらしく、いろいろな噺家の

岡本一平・画

宮尾しげを・画

上下とも『名作落語全集』（騒人社）より

ことなども、私に話してくれた。今村邸によく来ていた漫画家の宮尾しげをが、叔母の似顔絵を描いてくれたと言っていた。

宮尾しげを画伯は、今村信雄が編集した騒人社版の『名作落語全集』（一九二九〜三〇）に岡本一平らと挿絵を描いてもいるが、いうまでもなく下町風俗をはじめ、民俗の研究家でもあった。とにかく柳橋の今村邸は、落語だけでない当時の東京下町文化が交流するサロンだったようで、そうした自由闊達な空気が、新しい時代の昭和の古典落語の名手たち、第四次まで脱皮を続けた落語研究会のそれぞれの段階での中枢をなしてもいた、林家彦六、四代目柳家小さん、五代目古今亭志ん生（第四次から落語研究会に参加）、八代目桂文樂、六代目三遊亭圓生等々を輩出させるのに力があったのではないかと思う。

この頃の今村邸に行ったことのある私の長兄の話でも、庭に池のある広い邸は、人の出入りが盛んで活気にみちていた。同じ長兄の話だが、次郎夫人が深川の川田家に来ることがあると、普段とっている松葉寿司でなく、清澄町の香取鮨（いまもある）から特別誂えの握りをとったという。叔母のお花のお師匠さんというだけでない、何か晴れがましい緊張感が、文化のボルテージの高いこの客を迎える川田家にも、一瞬漲《みなぎ》ったのであろう。

こんな些細なエピソードにも、私は新しい文化の流れが創られてゆくときの、時と場の空気のようなものを感じてしまうのだ。

宮尾しげを・画
『名作落語全集』（騒人社）より

3　四代目小さんの芸にびっくりしたこと、ほか

だが、今村信雄（「今村のおじさん」と私たちは呼んでいた）と私との交渉は、二つの家がこれもまた選《よ》りに選って、同じ千葉県の市川へ移ってからのことだ。戦時経済が進行するなかで、真っ先に米が統制になり、徳川時代なかばの宝暦の頃、上州沼田の川田村から先祖が江戸に出てきて九代、本所、深川で続いた「上州屋」も店じまい。根っからの商人《あきんど》だった父は、組合の「勤め人」になったのに嫌気がさして、太平洋戦争が始まった翌年、当時まだ閑静だった市川市菅野の、広い庭付きの二軒続きの

家へ、わが家は引っ越した。

今村さん一家は、それより前に市川に移っていたのだが、三坪ほどの名ばかりの庭のついたつつましい住まいで、姉からあとになって聞いた話では、何でも柳橋の大きな屋敷を、人に騙《だま》されたような恰好で手放さざるをえなくなったのだそうだ。そんなわけだから金銭上も不如意であったらしく、戦争中のことで落語の仕事もあまりなく、はじめ川田家が引っ越した家は、今村さんの家からは歩いたり京成電車に乗ったりして、三十分はかかるところにあったのだが、それでもよく今村のおじさん一人で訪ねて来ていたのは、お金の工面の相談のためもあったのかもしれない。

この菅野の家にいたのは私が小学校(当時の国民学校)二年と三年のときだったが、この家へ今村のおじさんがよく来たのを覚えているのは、私がラジオの「前線へ送る夕べ」で落語が好きになり、自分で落語(のようなもの)を書いて、今村のおじさんに渡したことがあるからだ。どんなものだったか覚えていないが、『粗忽《そこつ》長屋』のような仕立ての噺だったかも知れない。書いて渡したことが確かなのは、東宝名人会の楽屋で、今村のおじさんが師匠たちに話したからで、自分ではすっかり忘れていた。

米軍の本土空襲がはげしくなった昭和二十年一月に、わが家は同じ市川市内で、これも偶然だが、今村さんの家とは細い道をへだてて隣の隣というところへ引っ越した。そこで三月十日払暁、B－29の低空大空襲で、私の生まれ故郷東京深川が、焼き殺される人々の阿鼻叫喚《あびきょうかん》と共に、炎と煙で空を揺るがして燃え上がるのを見た。

今度は家が近かったので、私は今村さんの家から、今村信雄編集で騒人社から出ていた全十二巻の小型桃色表紙の『名作落語全集』を一冊ずつ借り出して、結局全巻読了した。勿論、廓話など内容を理解できるはずもなかったし、その第七集「戀愛人情篇」を私が「こいあいにんじょうへん」と発音して、母に「れんあい」と読むんですよと教えられたのを、今でも覚えている。むさぼるように全巻を通読して、ますます落語が好きになった。

広島へ原爆が投下された翌日だったが、今村のおじさんがわが家へいつものように飄然《ひょうぜん》とやって来て縁側に腰掛け、今度の爆弾は日本でも作れるのだが、何でも容《い》れものがまだできていないんだそうですよ、と落語の長屋噺にでもありそうなことを、大真面目な口調で父母に言っていた。夏休み中の私も、そばで聞いていたのを覚えている。

敗戦とともに、今村のおじさんは活動を再開。十月には焼け残った有楽町の東宝劇場で東宝名人会がスタート、私を楽屋に連れていって、師匠たちにも引き合わせてくれたことは、さきに述べた。

二カ月くらいで、東宝劇場が進駐軍に接収されたので、名人会は焼け残った有楽町の日劇小劇場に移り、私はこちらにも、今村のおじさんに連れられて、サツマイモ入り弁当を持って、足繁く通った。東宝名人会は夜だったから、小学校に普通に通学していても、時間的にはまったく差し支えなかった。

東宝名人会でよく聴いたのは、先に名を挙げた金馬、權太樓のほか、電話落語や芝居噺の二代目三遊亭円歌、『碁どろ』がよかった六代目春風亭柳橋、酔漢《とら》ものを得意にした二代目桂右女助（後の六代目三升家小勝）、『野ざらし』が印象に残っている八代目春風亭柳枝、『片棒』が得意だった、するめのような味わいの九代目翁家さん馬（のちの九代目桂文治）等々。今の四代目金馬は、まだ年若い二つ目の小金馬で、「あーら、めでたいな、めでたいな」と元気よくやっていたのが、いまも目に浮かぶ。

翌二十一年六月、主事今村信雄さんの志を全開させた第三次落語研究会が、会長に久保田萬太郎、顧問に渋沢秀雄と遠藤爲春、参与として安藤鶴夫と正岡容を迎えて発足する。プログラムに、「第三次落語研究会は、第一次や第二次の時のように、一部有志の集合でなく、全落語家の結束であります」と謳ったように、幹事に林家彦六と五代目古今亭今輔、発起人に、八代目桂文治、四代目柳家小さん、八代目桂文樂、二代目三遊亭圓歌、三代目三遊亭金馬、初代柳家權太樓、二代目桂小文治、五代目柳亭左楽、五代目春風亭柳好といった大物を網羅している。

この第三次落語研究会最初期の公演（昭和二十一年六月）にも、今村のおじさんは、小学六年生だった私を連れて行ってくれた。会場は丸の内の生命保険協会講堂という、出広く殺風景な所で、昼間でもあり、在来の寄席の雰囲気とは縁遠い感じがしたが、出演者は豪華だった。この時八代目桂文樂の口上で、八代目三笑亭可樂の襲名披露があり、可樂はその後彼の十八番になった『反魂香《はんごんこう》』を演《や》った。トリは文樂で、『夢の酒』。

忘れられないのは、この時ただ一度だけ聴いた、四代目柳家小さんの名人ぶりだ。はじめ高座に座って、あの柄の割に小さい顔の口をムニャムニャさせて何か喋っている。私は最前列に陣取っていたのだが、これでは聴き取れないなと思っているうち、間もなく会場の客全員の聴覚が一斉に小さんの口に吸い寄せられたかのように、淡々とした、だが軽妙なあの小さんのはなしが、見事に、鮮やかに聞こえて来たのだ。『欠伸指南《あくびしなん》』ではなかったかと思う。

私は、名人とはかくの如きものかと感嘆したが、小学六年生のとき、ああいう生《なま》の

三代目三遊亭金馬

二代目三遊亭圓歌

四代目柳家小さん

六代目春風亭柳橋

六代目三遊亭圓生

八代目三笑亭可樂

体験ができたのは、一生の幸せだったと今でも思う。四代目は、この翌年に亡くなっていて、私は後にも先にも、この時の高座でしか四代目を聴いていない。

昭和二十二年四月に中学へ入ると、市川の自宅から九段の暁星中学までの電車通学で時間の余裕もなくなり、生《なま》の高座を聴く機会も少なくなった。それでも、今村のおじさんが主事を務めた最後の研究会、発起人に初めて五代目古今亭志ん生を加えた第四次落語研究会の旗揚げ興行には、連れて行ってくれた。

この第四次落語研究会は、志ん生のほか、稀代の暴れん坊実力派で数々の賞に輝く林家彦六、六代目春風亭柳橋、八代目桂文樂、三代目三遊亭金馬、二代目三遊亭圓歌、六代目三遊亭圓生を発起人とし、賛助会員には、七代目林家正蔵、五代目柳亭左樂、八代目桂文治、二代目桂小文治、六代目三升家小勝、三代目桂三木助、初代柳家權太樓、五代目古今亭今輔、三代目三遊亭小圓朝、八代目三笑亭可樂、五代目春風亭柳好、八代目春風亭柳枝が名を連ねた。

第三次の旗揚げ興行の時と同じ、千代田生命ビル講堂のほか、神田須田町の立花

初代昔々亭桃太郎

若き日の林家彦六

五代目柳家小さん

（昭和二十九年廃業）、有楽町蚕糸会館六階の貸ホールなどで続けたが、昭和三十三年四月で終了。主な理由は、この頃にはテレビ出演も増えてきた噺家たちにとって、「研究会」の出演料が安過ぎたことだとされている。翌年には六十五歳で亡くなっている今村信雄さんが、体力的にも衰えて、かつてのような行き届いた世話をできなくなったためもあっただろう。

時代のなかでの噺家のあり方の、大きな転換期でもあったことを如実に示すように、以後十分な出演料が保証され、落語家は運営に一切関わらない、ＴＢＳ川戸貞吉氏の発案による第五次の落語研究会が発足。八代目桂文樂、六代目三遊亭圓生、五代目柳家小さん、初代昔々亭桃太郎を主力として、国立小劇場で公演・録画を行うシステムが出来上り、現在まで続いている（途中から、五代目古今亭志ん生が加わる）。

いうまでもなく、このほかにもさまざまな形での落語の公演が、今では全国津々浦々で時期を問わず行われている。冒頭に書いた、日露戦争時代の寄席の衰退への危機感から、今村次郎氏らによって落語研究会が発足した時代には考えられなかった、テレビも含めた、まさに空前の「落語蔓延」時代を、令和初期の私たちは迎えているのではないだろうか。
大学へ入ってからは、私が落語より早く、それこそ物心つくかつかぬかのうちから、芝居好きの両親に連れられて枡席《ますせき》で観ていた歌舞伎に、改めて関心をもつようになり、『演劇界』の読者の劇評欄にも、投稿すると必ず掲載された。歌舞伎座の天井桟敷や新橋演舞場や若手歌舞伎の東横ホールなどに足繁く通ったが、落語の方は、池之端の鈴本や新宿末廣亭や、三越名人会などに時々行くくらいだった。私がまだ東京大学の院生で、フランスへ留学する前に、今村のおじさんは亡くなった。

その後フランス留学や、長期のアフリカ調査の後、口頭伝承、語りの演戯性という観点から、アフリカで何百と採録した歴史伝承や民話の語りと共通の視野に、落語も入れて考えるようになった。

フランスでの職人の調査や、パリの高等研究院での講義やゼミにも、生きる時間の多くを割いたが、日本にいるときは、最晩年の五代目古今亭志ん生、六代目三遊亭圓生、八代目林家正蔵（彦六）、まだ若かった五代目柳家小さん等々の高座に接したほかは、故人や新人の口演を、国立劇場の参考室に籠って聴きまくった（そのなかで、若年で真打ちに成ったばかりの春風亭小朝にも出逢い、そのうまさに舌を巻いた)。

落語は歌舞伎とともに、私の幼時からの〝教養〟の基本だ。それだけでなく、拙著『口頭伝承論』(河出書房新社、平成四年：藤井貞和さんの解説で「平凡社ライブラリー」392、393、平成十三年)に収録された論文からも明らかなように、私の研究対象の重要な一部をなしてもいる。その落語との出会いの時期に、今村のおじさんの手引きで、昭和の落語の一つの時代を垣間見ることができたのは、ほんとうに幸せだった。

4 同じ噺を何度聴いても面白いのはなぜか？

落語では、同じ噺家の同じ噺を何度聴いても面白いことが多い。昭和の名人の一人に数えられた八代目桂文樂は、ある時期以後、自分で納得のゆく噺が出来上がるまで演じず（何年も予告倒れにした挙句に完成させた『富久』など）、高名になってからは三十の持ちネタを、お座敷では注文を受けて、演じ続けた。

文樂の同じネタの所要時間は常に一定。十代の頃、近所に住む三代目三遊亭圓馬に厳しい稽古をつけてもらった時も、詳細なノートをとったといい、最晩年まで人には決して見せなかったという「文樂ノート」が、文樂の一言もゆるがせにせず磨き上げられた噺を生み出す元になっていたと言われている。

三百の噺を演じられるとネタの豊かさを誇る六代目三遊亭圓生とは、互いのやり方を批判しあっていたというが、噺家としての両者の行き方の違いは、それぞれに一理あるとして、文樂の「ハナシ」というのは、「文字」と表裏一体となっていたとは言えるだろう。ただ、私が文樂の偉いところだと思うのは、幾多の文字が土台としてあったにせよ、最終的には声による表現にだけ価値を置いていることだ。

文樂の生前、誰も目にしたことがなく、半ば伝説化されていた分厚い(?)「文樂ノート」が、死後どうなったのか私は知りたかった。東京の本郷三丁目で自家製の洋菓子を売り、スナックも経営していた文樂のただ一人のご子息を訪ねて、教示を仰いだことがある。遺言により、「文樂ノート」は棺に入れて火葬したとのことだった。ご子息のお話ぶりも信頼できるもので、私は納得し、桂文樂への尊敬を新たにした。ただこの他にも、手書きのメモのようなものは、いくつか遺っていたようだ。

同じ話を何度聞いても面白いことがある(いつも面白いわけではない)のはなぜ

か。これは、すぐには一般的に納得できる形で、答えを出すのが難しい問いだ。モール（A.Moles,1958）というフランスの音楽記号論の研究者は、初めて美的認識の研究に情報理論を取り入れた人だと言ってよいと思うが、口承文芸のいま問題にしていることを考えるのに参考になると思う。

モールの考えでは、一般に美的意識を重視した情報の考察においては、冗長であるか情報量が多いか、凡庸であるか独創的であるかというような対立を考えることができる。この二項対立の後者、独創的であるとか、情報伝達度が大きい、つまり簡単には解らない、ということになると、それを理解するのに疲れる。

平たく言えば、よく知っている古典落語とか、お馴染みの義太夫の一段を、好きな噺家や太夫がやっているのを寝ころんで聞くといった気楽さに対して、情報として新しい小説の朗読とか、現代音楽の新曲を聴く緊張感に対比できる。全く新しいものだったら、自分が今持っている美的認識の枠組みでは把握できない。慣れ親しんだもののの方が、美しいものとして受け入れられやすいが、かといって、あまり同じでは陳腐になってしまう。

メイヤー（L.B.MEYER,1956,1967）という、これも音楽情報理論の研究者は、傾向（tendency）とそれからのずれ（deviation）の対比で、音楽における感興の問題を解明しようとしたが、これも同じように予期からの「ずれ」を問題にしている。

けれども私は、音楽にしても好きな曲の好きな演奏家のものを、何度でも聴いて何度でも感動する、「中毒現象」というべきものに、むしろ注目したい。それは最早、予期に対するずれとかの問題ではなくて、むしろ予期と同じものを、また経験したいと思う行為だ。

それは義太夫の、好きな太夫の語るさわりのところに来て、予期した通りゾクゾクする楽しみを味わうのでも同じだ。「中毒」という問題を考えないと、傾向とそれからのずれが感興を生むというメイヤーの図式だけでは、落語をはじめとするパフォーミング・アートを享受する楽しみは、解き明かせないのではないだろうか。

「はなす」行為には、基本的に三つの機能がある。情報伝達性、行為遂行性、演戯性だ。情報伝達については、説明の必要がないだろう。行為遂行性は、イギリスの言語学者オースティンが着目した（J.L.AUSTIN,1971）。儀礼的な発話の大部分が、これに当たると言える。運動競技大会での選手代表の宣誓、新しく造られた船の進水式での命名など、情報伝達よりは、その言葉を発する者の資格と発話の場の適正が問題になる。

けれどもオースティンも、彼を批判的に継承したサール（J.R.SEARLE,1971）等の批判や継承的展開においても、ほとんど問題にされていない演戯性ということを考えなければいけないのではないか。「はなす」という行為に含まれている演戯性、これが私は口承文芸の中で重要な意味をもっていると思う。

演戯性は、情報として新しくない言述についても問題になりうるもので、発話する者の資格も問われない。私が何百と採録した、アフリカの子どもたちが我勝ちに語る昔話のうちには、聴き手はすでにお話の内容を知っていて、話し方も特に巧みではなくとも、十分面白く聴ける話は多いのである。

「はなす」行為の演戯性は、これまで言語学者が正面から取り上げてこなかったし、取り上げ方が極めて難しいとも言える。四つの面から考えることができるだろう。第一は、話型としては同じでも、細部が一回ごと、または話者ごとに違う、つまりテキストのレベル。第二は、テキストとしては同じでも、声と仕草が生む演戯性の違い。第三に、情報工学で「内部雑音」と呼ぶ、聴き手の内部に起こる、忘れる、印象が薄れるなどの変化。

だが第四の側面として私が重視したいのは、「中毒」とでも呼ぶべき側面だ。落語に限らず義太夫でも西洋音楽でも、好きな演者による好きな演目は、繰り返し聴いて、その度に受ける感動は、厳密に言えば少しずつ異なっているはずでもやはり良いと思う。

その種の体験は、私は落語では、カセットテープでの八代目桂文樂が得意とした『船徳』や『素人鰻』、西洋音楽では、フィリップスPHILIPSの歴史的な名盤とされる、ウィレム・メンゲルベルク指揮、ロイヤル・コンセルトヘボウ管弦楽団演奏の、一九三九年復活祭の実況演奏録音によるバッハの『マタイ受難曲』四枚版と、ディートリッヒ・フィッシャー゠ディースカウの歌で、ウィルヘルム・フルトヴェングラー指揮のフィルハーモニア管弦楽団の演奏による、グスタフ・マーラーの『さすらう若人の歌』だ。『さすらう若人の歌』は、同じ演奏者で異なる年代の多くの版が出ているが、私が持っていたのは最初期二番目の一九五七年版で、三〇歳そこそこのフィッシャー＝ディースカウの声が、何とも瑞々《みずみず》しい！

当時、ヨーロッパから来日する音楽家の演奏会の料金は、ひどく高く、第一良い演奏家の良い席の切符は手に入れることが難しかったので、パリへ留学して学生音楽同好会に入り、しばしば直前キャンセルの良い席が安く入手できて、名演奏を浴びるよ

メンゲルベルク指揮ロイヤル・コンセルトヘボウ管弦楽団1939年復活祭の実況演奏録音によるバッハ『マタイ受難曲』、川田が持っている盤の箱の外観

新内「明烏」レコードのジャケット

うに聴くまで、西洋音楽は専ら、私が自宅でフランス語の個人教師をしていた、畏友谷口哲彦さんが下さったレコードに拠っていた。いま挙げた二点の他にも、フランスの名ソプラノ、ニノン・ヴァランが歌う、第一回ノーベル文学賞受賞詩人アンドレ・プリュドム作詞ガブリエル・フォーレ作曲の『ゆりかご』のＳＰレコードも、心にしみていて、今も自分でも全曲フランス語で歌える。

『マタイ受難曲』と『さすらう若人の歌』は、当時のフランス政府給費留学生は、往きは皆フランス郵船で行ったので、スエズ運河を通る一ヵ月の船旅の荷に入れてパリに持ってゆき、パリで買った安いポータブルのプレイヤーで、だからあまり良い条件でなく、だが繰り返し、一人でも友達とも聴き、聴くたびに感銘を新たにして、飽きることがなかった。

この二種のレコードは、カセット・テープに入れて、アフリカでの調査の合間に自分でも聴き、土地の人にも聴かせた。その音で踊れるかどうかが、音楽を評価する重要な規準になるアフリカの人たちにとっては、バッハやマーラーは、音の世界の枠外という感じだったが、私が好きで、日本でよく聴きに行っていた新内の「蘭蝶《らんちょう》」や

「明烏《あけがらす》」も、テープに入れてアフリカに持って行っていたが、語り物が盛んな社会だけに、意味は分からなくとも、その節回しに強い関心を示した人が多く、声でまねたりする人がいたのは、興味深い発見だった。

5 話すこと、書くこと

新内をテープに録音することは、すでに、音として流れて消えてゆくものを、空間の電磁波の差異として固定する行為で、書くことにつながると言える。明治に、前述の今村次郎の速記に始まって、落語が文字によって「読む」ものとしても、広まっただけではない。稀代の「はなし」の名人三遊亭圓朝は、自作の噺を高座にかける前に、かなり克明に筆記したというし、寄席隠退後明治二十八年（一八九五年）の『中央新聞』に連載した『名人長二』は、圓朝としては文字だけで発表したものだ。

周知のように『名人長二』は、モーパッサンの小説『親殺し』（一八八二年日刊紙にこの題"Un patricide"で発表、一八八四年以後『人殺し』"L'Assassin"に改題）の内容を、日本に移してかなり自由に書き換えたもので、後の噺家は、五代目古今亭志ん生のように、五回に分けて口演したりしているが、圓朝自身は引退後の作であり、寄席での公演はしていない。

『名人長二』は、圓朝が人力車から落ちた怪我の静養のために、温泉地として名高い神奈川県湯河原の、島崎藤村、黒田清輝、有島武郎などの定宿《じょうやど》として高名で現存する温泉宿、伊藤屋に約三週間滞在し、この地域を丹念に歩いた見聞を背景にして、翻案、執筆したものである。

角川書店版の『円朝全集』第六巻（一九七五）が「翻案物」と題して刊行されており、「指物師名人長二」のほか四編が収められていることからも分かるように、圓朝は西洋種《だね》の文芸作品の翻案にも、一方ならぬ関心を抱いていた。西洋種の多くは、福地櫻痴《おうち》から出たとされているが、『名人長二』は有島武（武郎の父）が横浜税関長をしていた頃、部下にフランス学者があり、その人から有島が聞いて圓朝に書いて送ったことが、圓朝から有島宛の礼状によって明らかにされている。

モーパッサンの前掲の小説から、基本的な構想、筋立てを借用してはいるが、場の設定は完全に湯河原に移し替えられている。三十年前から湯河原に住んでいる川田が、『名人長二』に描かれている場所を訪ね歩いてみた結果でも、『塩原太助』をはじめ精緻な現地探訪が作品の前提になっている圓朝らしい、克明な湯河原の記述に驚かされる。

だが、モーパッサンの原作との根本的な違いは、原作の核をなしているのは、共和

圓朝ほか文人の定宿とされた伊藤屋

主義という政治思想の問題であるのに対し、圓朝の「翻案」では親想いという「孝」の道徳であることだ。

特に最終段階のお裁きの過程で、長二に心情的に共感している奉行の計らいで、大身代の亀甲屋を長二が相続することになって「職人」の身分を離れ、奉行のお気に入りの腰元島路と縁組させるという、「お上」の温情で目出度く終わる、封建社会の「身分」の問題と深く結びつけられた展開は、原作とは全く異質のものだ。

6 噺家にとっての「維新」とは何だったのか

ここで更に私は、『名人長二』もその表れの一例である、圓朝という話芸の達人が、明治維新をはさんで示した生き方を辿ることを通して、「維新」というものの意味を問い直す手立ての一つとしたい思いに駆られるのだ。

まず私は、坪内逍遥の示唆によって、二葉亭四迷が圓朝の落語を参考にして『浮雲』を書いたという伝説にこだわってみたくなる。二葉亭四迷自身、「余が言文一致の由來」（明治三十九年五月「文章世界」所載）で書いていることを、長いが途中カットしながら引用する。

「余程前のことだ。何か一つ書いて見たいとは思つたが、元來の文章下手で皆目方角が分らぬ。そこで、坪内先生の許へ行つて、何うしたらよからうかと話して見ると、君は圓朝の落語を知つてゐよう、あの圓朝の落語通りに書いて見たら何うかといふ。で、仰せの儘にやつて見た。……早速、先生の許へ持つて行くと、篤と目を通して居られたが、忽ち礑《はた》と膝を打つて、これでいゝ、その儘でいゝ、生《なま》じつか直したりなんぞせぬ方がいゝ、とかう仰有《おつしや》る。

……圓朝ばりであるから無論言文一致體にはなつてゐるが、茲《ここ》にまだ問題がある。それは「私が……で厶《ござ》います」調にしたものか、それとも、「俺はいやだ」調で行つたものかと云ふことだ。坪内先生は敬語のない方がいゝと云ふお説である。自分は不服の點もないではなかつたが、直して貰はうとまで思つてゐる先生の仰有る事ではあり、……敬語なしでやつて見た。これが自分の言文一致を書き初めた抑《そもそ》もである。」

私はこれを二葉亭の、謙遜をこめた、部分的真実を含む回顧だと思う。極めて技術的な面で、圓朝の落語は文章を書く参考になったかも知れないが、そこに表現された内容の質は、圓朝と二葉亭とで何と異なっていることか。

二葉亭は言文一致の処女作『浮雲』に発表前から自信がなく、逍遥（筆名春の屋）の指示に基づく数度の改稿の後に「春のや主人二葉亭四迷合作」として、第一篇を「春の屋主人」の序文付きで明治二十年六月に、続いて第二篇を翌年二月に、「春の屋主人二葉亭四迷合著」として、いずれも単行本の表紙、扉ともに推薦者坪内雄蔵名義で東京の書肆金港堂から出版した。第一篇の発表直後から注目と賞賛を浴びながら、自分では満足できず、苦渋のうちに二年後第三編を二葉亭四迷単独の名で、同じ金港堂発行山田美妙編集の文芸雑誌『都の花』に三回だけ掲載し、「終」と書いたまま、筆を折っている。

二葉亭四迷は、ロシアとの関係での日本を憂える気持ちからロシア語を学び始めたが、十九世紀の豊かなロシア文学にのめり込み、『浮雲』執筆以前に驚くほど広く当時の作品を渉猟し、翻訳もしている。十九世紀ロシア文学風のリアリズムの精神で、四迷が『浮雲』で表現しようとした思想は、中村光夫も指摘しているように、現代にまで通じる高度な社会思想的普遍性をもったもので、円朝の落語が含む、きめ細かではあるが限られた情趣の世界での普遍性とは、異質のものだ。

このような前提をふまえて、四迷が『浮雲』第三篇まで文字通りの模索を重ねている文章表現の面に限って、私なりの感想を述べたい。

まず指摘したいのは、当時の言文一致小説が直面せざるを得なかった、本字とも呼ばれる漢字と仮名が混じり、本字にしばしばルビという読み仮名がついた、普及したのは文字教育と読本の出版が盛んになった江戸時代後期以後で、明治以後も現在まで継承されている、世界に類のない日本語書記体系の素晴らしさ（私の敬愛する橋本萬太郎は、そのすぐれた面を強調したが）と難しさだ。「浮雲」という語からして、徳川時代には「あぶなし」と訓読されることが多かったという。四迷の『浮雲』でも、この面では圓朝の刊行速記録と同じく、夥しいルビが用いられている。

音声言語と文字という対比で言えば、ヨーロッパ諸語では初等教育で当たり前の

「書取り」dictée, dictation というものが、日本語ではできない。正書法が存在しないからだ。書き取り、書取、書きとり、かき取り、かきとり、カキトリ、どれも正しい。日本の学校で「漢字の書取り試験」というのは、漢字を正しく書くためのテストであるに過ぎない。

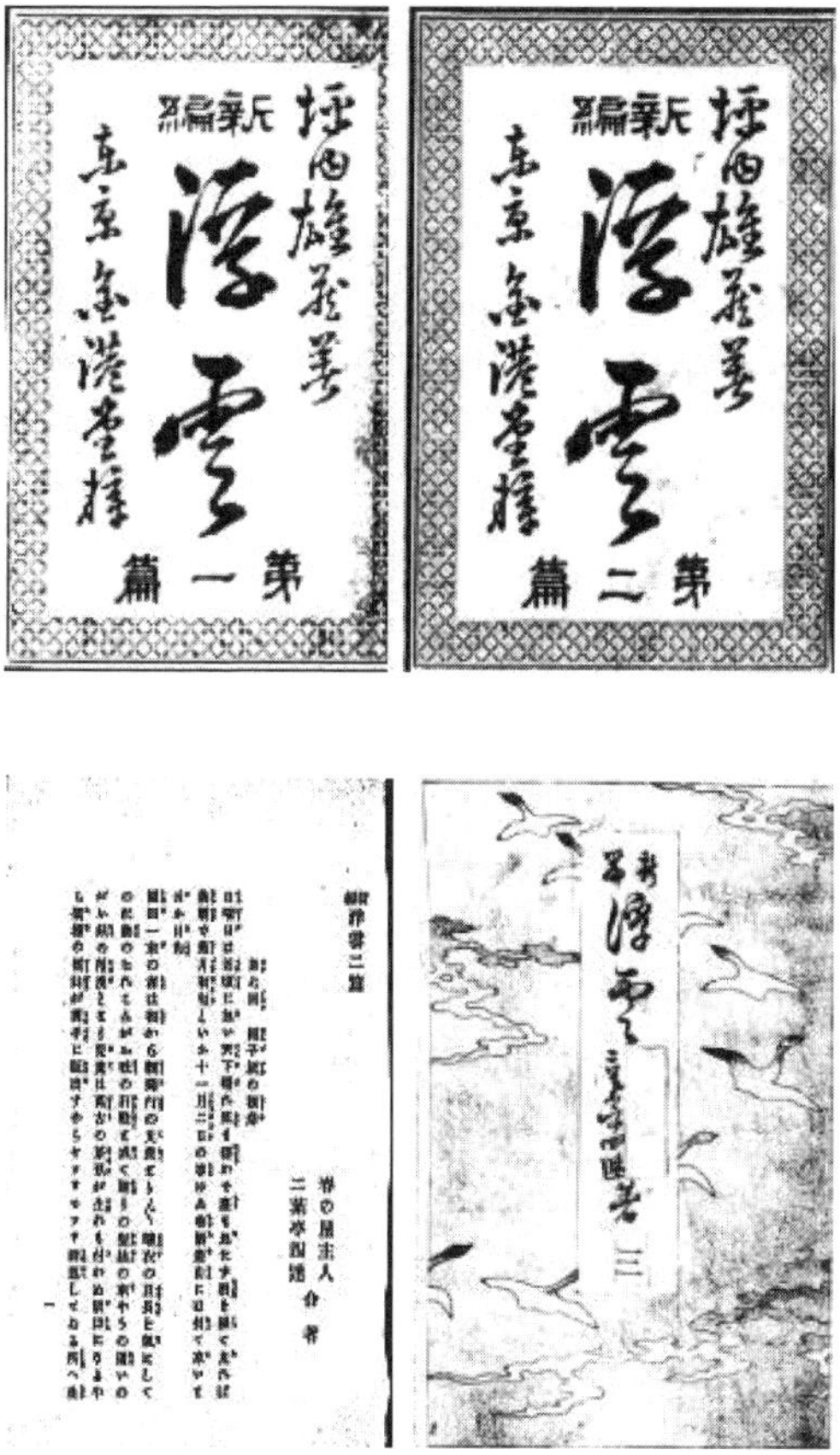

『浮雲』

このような日本語の状況のなかで、二葉亭四迷のように十九世紀ロシア・リアリズム文学の翻訳が文章表現として自作発表に先行した作家、エスペランティストでもあり、言語表現の合理主義者であった四迷が、言文一致の文体で新しい文学作品を産む際に行き当たった困難は、想像にあまりある。

『浮雲』第一篇では、登場人物の会話の部分以外では、読点が稀にあるだけで、十行も二十行も句読点なしの文章がつづく。そして、第一篇でも第二篇でも、会話の部分は、はじめの一重カギ括弧だけで、終わりには何もついていない。第三篇になると会話の終わりにも一重カギ括弧がつくようになるが、一方で二葉亭四迷以外の同時代作家もよく用いた、句点と読点の中間の機能を与えられた白胡麻点が登場して、読む上での煩雑さは増している。

更に、二葉亭四迷が直面した、十九世紀ロシア文学作品の翻訳の困難を、ツルゲーネフ作『あひびき』の和訳二種（明治二十一年Aと明治二十九年B『國民之友』）の冒頭部分の比較によって見よう。

A）「秋九月中旬といふころ、一日自分がさる樺の林の中に座してゐたことが有ツた。今朝から小雨が降りそゝぎ、その晴れ間にはおりおり生ま煖かな日かげも射して、まことに氣まぐれな空ら合ひ。あわあわしい白ら雲が空ら一面に棚引くかと思ふと、フトまたあちこち瞬く間雲切れがして、無理に押し分けたやうな雲間から澄みて怜悧《さか》し氣に見える人の眼の如くに朗かに晴れた蒼空《あおそら》がのぞかれた。自分は座して、四顧して、そして耳を傾けてゐた。木の葉が頭上《づじやう》で幽かに戰いだが、その音を聞たばかりでも季節は知られた。」

B）「秋は九月中旬《なかば》の事で、一日《あるひ》自分がさる樺林《かばゝやし》の中《うち》に坐つてゐたことが有つた。朝から小雨が降つて、その霽間《はれま》にはをりをり生暖《なまあたゝか》な日景《ひかげ》も射《さ》すといふ氣紛《きまぐ》れな空合《そらあひ》である。耐力《たわい》の無い白雲《しらくも》が一面に空を蔽《おほ》ふかとすれば、ふとまた彼處此處《あちこち》一寸雲切《ちよいとくもぎれ》がして、その間から朗《ほがらか》に晴れた蒼空が美しい利口さうな眼のやうに見える。自分は坐つて、四方《あたり》を顧眄《みまは》して、耳を傾けてゐると、つい頭の上で木《こ》の葉《は》が微《かすか》に戰《そよ》いでゐたが、それを聞いたばかりでも時節は知れた。」

明治も二十年代を過ぎてからも、まだ表記法が確立されていなかった近代日本語の不安定ぶりに、改めて慄然《りつぜん》とするのは、私だけではあるまい。

本題に戻って、この二葉亭四迷が坪内逍遥の勧めに従って範とした三遊亭圓朝の、明治維新をはさんだ「言葉遣い」を含む身の処し方を検討して見たい。

圓朝は、湯島切通しに生まれ、下谷車坂で亡くなるまで、四谷住まいだった二代目圓生の内弟子だった九歳から十二歳までの足掛け四年間を除くと、目まぐるしく引越しはしたが、一貫して江戸＝東京のいわゆる「下町」に暮らした。だがそれにしては、圓朝の言葉遣いには、「下町」の匂いが何と希薄なことか。

これは速記録という「文字化」され、編集者の手も加わった印刷物を通してしか、私たちが圓朝の「ことばづかい」に接することができないという事情に依るのだろうか。それもあるだろうが、それだけとは私にはどうしても思えない。

まず、一人称単数代名詞が、「あたし」「あっし」でなく、例外なく「わたくし」「わたし」になっているのが気になる。圓朝の父親は、音曲師・噺家橘屋圓太郎だったが、圓太郎の父は、妾腹ながら加賀大聖寺藩士出淵家の息子で、つまり圓朝も徳川幕藩体制の侍の末裔だった。

そういった素性に関係があるのかないのか。圓朝は前田愛が指摘するように（「三遊亭圓朝」『国文学解釈と鑑賞』一九六九年一月）「開化講談」で人気を博した松林白園が常用した「であります」と比較して、「でございます」を好んで使用している。前田は言及していないが、「であります」は長州弁に由来する維新以後の陸軍言葉であり、長州政権以来の議会での演説言葉でもある。

確かに速記録を見ても、圓朝が頻繁に用いている「でございます」は、いわゆる新東京山の手の「ざァます」系の言葉で、ちっとも粋じゃあねえが、明治の新東京人の寄席の客には向いた、そして何よりも「三条の教憲（教則）」を発布し、噺家も「教導職」に任命して新国策徹底の先兵にした薩長政権の意向にも沿った、かしこまった言葉だ。明治五年、「三条の教憲」が発布されると、圓朝は弟子圓樂に三代目圓生を襲名させて、芝居噺の道具一切をゆずり、以後芝居噺はやめて、素噺一筋に転向した。そこにも圓朝の社会感覚の鋭さ、「時代」への適応の素早さを見ることができる。

この時期以後の圓朝の「新・東京人ことば」の特徴は、圓朝の愛弟子で二代目圓朝候補でもあった四代目橘屋圓喬に受け継がれたようだ。だが、圓喬を師と仰ぎ圓朝の孫弟子を自認する、五代目古今亭志ん生は、東京下町ことばで方言として一般化された「権助ことば」で『塩原多助』を演じている（圓朝は、上州での綿密な調査に基づいて「多助ことば」を生み出した）。結局、確たる生きた基盤を持たず、多分に観念的な当為感から生み出された圓朝の「新・東京人ことば」は、短命に終わったと見るべきなのかも知れない。

明治期の圓朝の、他の重要な側面として挙げなければならないのは、政治権力者との密着であろう。前述の「三条の教憲（教則）」によって、「教導職」に任命された圓朝は、その職務に忠実に、明治十九年には山縣有朋内務大臣夫妻井上馨外務大臣夫妻らの、一ヵ月余りにわたる北海道視察に同行し、明治二十二年には、井上馨大臣の長州帰省にも供をし、井上の計らいで圓朝にとっても初めてという、一席百円の高額謝礼で二席、地元民に噺を聴かせている（鈴木古鶴「円朝異聞」角川版『円朝全集』第七巻、六三二〜六七三頁）。更に明治二十九年には、日清戦争のため約一年延期された井上馨の郷里での還暦祝いに伺候し、三ヵ月も山口に滞在し、各地で口演した（永井啓夫『新版三遊

亭円朝』青蛙房、新版二〇一一年、一八一～一八八頁）。

このように、明治の権力者に忠実に仕えたので、山縣有朋は、九段上の邸宅を圓朝に与えようとしたが、圓朝は固辞したとか、井上は上記以外にも旅をする度に圓朝を連れ歩き、「圓朝は自分の帷幕《いばく》である」と漏らしていたなどという逸話からも、圓朝の新体制への順応ぶりが窺われる。

明治五年の「三条の教憲」発布を機に圓朝が素噺に転向したことは既に述べたが、明治七年頃からは、新聞記事などから取った時事問題を素材とする噺も高座にかける

山縣有朋

井上馨

ようになった。折しも本所の炭屋塩原太助の家にまつわる怪談に関心を抱いたのがきっかけで、上州沼田方面へ取材旅行をするうち、村落社会の身内の葛藤から出発して、正直者多助（本名は太助）とその愛馬の物語、多助が単身江戸へ出て、勤勉・正直・節約によって炭商人として成功する立身出世譚へと構想が変わる。

構想を得てから三年、圓朝のことばの彫琢《ちょうたく》を経て生み出された『塩原多助一代記』は、寄席の口演で大好評を博しただけでなく、明治十八年刊行された速記本十八冊は十二万部も売れた。

明治天皇も臨席した井上馨邸での園遊会では、天皇の御前口演も行ない、お上の教育政策にもかなった作品として、尋常小学校修身教科書にも取り入れられ、三世河竹新七の脚色、五代目尾上菊五郎の多助役で歌舞伎座でも上演され大当たりを取る。このように、かつての派手な芝居噺、洒脱な三題噺、真に迫る怪談噺の名手としての圓朝は、明治政府の教育政策にかなった「教導職」の模範となったようにみえる。

このように書いてきたからと言って、私は圓朝が時の権力に阿諛《あゆ》迎合することだけを意図して、明治になってからの作品を生んできたとは思わない。桁外れの才能に恵まれたこの噺家は、聴き手の魂を震撼《しんかん》させるほど見事にハナすことの、言い知れぬ歓びだけの中に、明治になってからも含めて、一生を生きたのではなかったろうか。

幕末文久年間の、創造力に充ちた、学際ならぬ芸際集団「粋狂連」時代の三題噺の名作『鰍澤《かじかざわ》』や『大仏餅』、二十一歳の時、助演を頼んだ師圓生に素話で予定の芝居噺を演じられてしまったために、やむなく即興創作『累ヶ淵後日の怪談』を道具に合わせながら自演し、これがのちの『真景累ヶ淵』の原型になったという、作られ話じみてもいるエピソード以来、圓朝は『怪談牡丹燈籠』をはじめ、数々の創作怪談を生み出してゆく。

だがこの天成のハナシ家は、近代文学的な意味での創作意識とは別の次元に生きていたのであろう。それがおそらく、先にも触れた、坪内逍遥や二葉亭四迷の思い込みとのすれ違いも生んだのではなかったろうか。日本で最初の噺の速記本となった『怪談牡丹燈籠』でさえ、中国明《みん》代の怪奇小説『牡丹燈籠』や浅井了意の『伽婢子《おとぎぼうこ》』から想を得ていることが指摘されている。

ハナシの人圓朝にとって、筋立ての「創作」が重要性をもたなかったことは、いくつもの西洋種《だね》の翻案もの――『英国孝子ジョージスミス之伝』『松操美人の生理』『黄薔薇《こうしょうび》』『名人くらべ・錦の舞衣』『死神』『名人長二』など――を高座にかけ、あるいは書いて発表していることからも窺える。高座にかけた場合は、圓朝自身がまくらで、人から聞いた外国の物語であることを断っていることが多いが、日本の実在の人物や土地もからませ、見事な呼吸の直接話法を多用した、圓朝の新しい噺に成りきっている。

ほかに、圓朝の口演速記を初めて連載し、大好評を得た日刊『やまと新聞』の主幹だった條野採菊《じょうのさいぎく》が原稿を口語体で書いていた『鶴殺嫉刃包丁《つるごろしねたばのほうちょう》』『政談月の鏡』『八景隅田川』『菊模様皿山奇談』などは、それを読んだ圓朝が口演し、そのいくつかは速記録がもとになって、圓朝作として流布されたという（條野採菊の子息で『やまと新聞』の圓朝速記ものに挿絵を描いていた鏑木清方の言として鈴木古鶴が「円朝遺聞」に引用、角川版『三遊亭円朝全集』第七巻、一九七五年、「円朝遺聞」六三二～六七三頁、上記引用箇所は六五四頁）

だが圓朝が、ランプやガス燈が使える時代の高座で、あえて燭台を使い続け、「客をまず落ち着いた静かな気分にしておいて、それから自分がその気持ちの中へ、一緒に溶け込むように話しかけ」「少し猫背のかがみ加減、この突き出したような円朝の顔が、数百人の顔に催眠術をかけるのである」「いわゆる『客の胸倉を取る』こと、それが円朝はうまかった。一度心を捕らえられた聞き手は、泣くも怒るも笑うも喜ぶも、みな円朝の舌三寸のなすがままであった」という岡鬼太郎のことば〔「円朝雑感」角川版『円朝全集』第七巻、六七五頁〕からも窺われるように、目の前の聴き手の心を捉えてハナさないハナシをすることに、至上の歓びを見出していた圓朝にとっては、その

鏑木清方「三遊亭圓朝像」1930年
（東京国立近代美術館）

ネタが自作であるかどうかは、どうでもよかったのではないだろうか。『塩原多助一代記』も、講釈などさまざまな形で当時流布していた「越後伝吉」の物語から多くのヒントを得て作られたのではないかと言われている［越智治雄「もう一人の塩原多助」「文学」三七、一九六九年五月号四八〜六三頁］。

だが多助と愛馬青との別れの場面などで、話芸の極致を生み出すことに、すべてが集中していたと思われる圓朝にとって、他の作品からの筋立て上の影響や、意図的・無意図的借用は、たいした関心事ではなかったのであろう。

『塩原多助』の速記を酒井昇造と二人で担当したベテラン速記者若林玵《かんぞう》は、「馬の別れのところはとても速記ができないので困った。二人でやっていたからどうやらまとめたが、帰りに酒井氏が円朝のうまいのは知っていたが、実にどうもなんとも言えない名人ですねといって嘆息したのを覚えている。聴衆の女はみなすすり泣きをして、顔を押さえていないものはなかった。男はさすがに声はださなかったがやはりみな泣いていた」（鈴木古鶴「前掲書」）と述懐している。

圓朝が西洋だねを取り入れる仲介者として重要な役割を果たした福地桜痴《おうち》（源一

郎）（天保十二年生まれ、明治三十九年没）も、圓朝と仕事の上で密接に関わりながら、幕末／明治を生き抜いている。しかも徳川体制との密着度の深さは、大聖寺藩士末裔の圓朝どころではない。

長崎に生まれて蘭学を学んだのち、御軍艦奉行に従って江戸に出、外国奉行通弁として幕府に仕え、御家人となる。開港問題交渉と「万国公法」研究をかねて、アメリカ、フランス、イギリスへ派遣されてもいる。慶応四年に創刊した『江湖新聞』で新政府を批判したため捕らえられ、首を切られそうになる

パリ留学生時代
福地桜痴（源一郎）

が、その西洋事情通を買った木戸孝允の取りなしで放免。早速明治四年から六年まで、岩倉使節に随行して新政府にご奉公。帰国後、圓朝の口演速記発表の場『みやこ新聞』主幹で『江湖新聞』で働いていたこともある條野採菊が創刊した『東京日日新聞』に入社、西南戦争の現地取材などジャーナリストとして活躍し、やがてその社長となる。

軍隊を天皇の親率として政府や議会から独立させるべく、山県有朋が起草を命じた『軍人勅諭』（明治十五年発布）の「朕は汝等軍人の大元帥なるぞ」といった薄気味悪い文章の作成にも、福地源一郎は、西周、井上毅と共に加わっている。立憲帝政党を組織し、東京府議会議長も務めるなど政治活動もする一方で、九代目市川團十郎や、河竹默阿弥らと歌舞伎座を創設し、みずから『大森彦七』『春興鏡獅子』など名作の脚本も書いて、演劇改良運動を推進する。

先に引いた岡鬼太郎が、圓朝を「日ごろ知る人なる五代目畑の世話物を興味をもってつねに脚色しながらも、態度は九代目らしさを持していたとも見える」と評しているが、「新時代」の早とちりな取り込みともいえる九代目の

「活歴《かつれき》」と圓朝の考証＝高尚趣味は、照応しなくもない。そして團十郎との接触でも、圓朝は桜痴とは繋がっていた。

だが圓朝にとっての桜痴＝源一郎は、何よりもまず海外知識、とくに噺の西洋だね仕入れの窓口として重要だった。先に挙げた西洋だねの、『名人長二』を除くすべては、おそらく桜痴が窓口だったとされている。

『死神』の由来については、西本晃二の労作『落語「死神」の世界』（青蛙房、二〇〇二

前半の弥生「春興鏡獅子」

後半の獅子の精　「春興鏡獅子」
1940年（昭和15年）11月
六代目尾上菊五郎

年）から、私は多くを教えられた。直接の原典と思われるイタリアの喜歌劇『クリスピーノと名付け親』（一八五〇年ヴェネツィア初演）のパリ初演を、折から開港問題で幕府からパリに派遣された源一郎が文久二（一八六二）年秋にオペラ座で観ている可能性が高いこと、グリム童話にも『死神の名付け親』という圓朝の『死神』そっくりの話があるが、圓朝の初演の年代は不明ながら、明治二〇年に初めて日本語訳が出たグリム童話集にはこの話は含まれていないことから、西本が入念に調べて明らかにしたように、福地桜痴が帰国後、パリで観たこの風変わりな喜歌劇の話を圓朝に聞かせた可能性は大きい。

圓朝も桜痴も、それぞれ余人をもっては代え難い特技のために、徳川と明治両体制下で重用された。だがこの二人とほぼ同時代を生きた人たちのなかには、多くの面で厳しく対立していた徳川時代と明治時代を、やはり「余人をもっては代え難い特技」によって、五稜郭の雄榎本武揚のように、成功裡に生き抜いた人たちもいたし（榎本は、圓朝が明治十九年に山県、井上両大臣のお供で北海道に行った時、逓信大臣として同行している）、西郷隆盛や土方歳三はじめ、切り替え適応できなかった人も多い。

河竹默阿弥は、御一新後、新時代への適応を心がけながらも、江戸への執着が強すぎたのであろうか、明治になって書かれた『髪結新三』（明治六年）、『河内山』（明治十四年）、『魚屋宗五郎』（明治十六年）『加賀鳶』（明治十九年）などを見ても、江戸文化の明治への残存の強さを感じさせる。いわゆる「散切《ざんぎり》もの」に入る『島鵆《しまちどり》』（明治十四年）

［左から］胡蝶の精（中村玉太郎）、獅子の精
（中村勘三郎）、胡蝶の精（片岡千之助）
平成 21 年 1 月　歌舞伎座

獅子の精（中村勘三郎）
平成 19 年 1 月　歌舞伎座

（役者名は上演当時のもの）

や『水天宮利生深川』通称『筆屋幸兵衛』『筆幸』（明治十八年）にしてもそうだ。両体制にまたがって生きたというより、自由民権運動とも結びついて大阪から立ち上がり、東京にも進出した「新派」におされながらも、明治以後の默阿弥の新作は、それなりの人気を保ち続けた。

默阿弥の今挙げたいくつかの芝居は、「散切りもの」も含めて、すべて江戸下町の土地、堀川や橋、道、町と分かち難く結びついたイメージの上に作られている。江戸下町という「場」がなければ生まれない芝居なのだ。してみると、默阿弥は徳川と明治の対立する二つの体制に、国家次元の対立を超えた「地域の文化」の連続性のなかに身を置いて芝居を書くことしか、結局できなかったのではないか、と思えてくる。

桜痴が九代目團十郎のために「活歴《かつれき》」芝居を書き、圓朝とも息の合っていた依田学海もこれを支持するという風潮のなかで、明治の最初期には默阿弥も、團十郎の要請に応じて『地震加藤』（明治二年）、『酒井の太鼓』（明治六年）など「活歴」風を書いた。だがその後は江戸＝東京下町の地霊《ゲニウス・ロキ》ないし「地域の集合的記憶」に衝《つ》き動かされるかのような新作を次々と、五代目菊五郎のために書いてゆく。

ここで私は、先に引いた岡鬼太郎が圓朝を評した「日ごろ知る人なる五代目畑の世話物を興味をもってつねに脚色しながらも、態度は九代目らしさを持していたとも見える」ということばが、改めて深い意味を帯びてくるのを感じる。そして徳川／明治という国家の体制の対立を、江戸＝東京下町の町人文化という「地域の文化」の連続性から相対化して眺める視点は築けないものかと夢想する。そのとき、圓朝という二つの時代を生きた感受性の鋭い噺家が、国家の体制の推移に余りに敏感に適合したために、ことばの上でもみずから進んで江戸＝東京ではなく、江戸／東京を選んだのではなかったか、と思わずにいられない。

蛇足として私見を付け加えれば、確かに、七五調のせりふ、チョボなど下座のつけ方など、黙阿弥歌舞伎は現在まで健在だ。だが、ツケ打ちのように、歌舞伎に不可欠だが、地味で年季の要る後継者難の部分から、江戸時代をこれまで引きずったカブキも、やがて変質を迫られてゆくのではないだろうか。

第2部

7

アフリカの落語（その一）

お話の場は？

ここで視点を変え、筆者の標榜する「文化の三角測量」の方法に従って、アフリカの落語を見よう。

アフリカ、より限定すれば、筆者が通算九年あまり滞在して数百の話を採録した、西アフリカ内陸サバンナ地帯のモシ社会、今の行政区分ではブルキナファソ南部のテンコドゴ地方だ。お話の内容は確かに「落語」なのだが、この地方には落語を聴く場としての「寄席」はない。

滑稽譚を含むお話の場は「ソアスガ」(*soasga*)と呼ばれる。座っている、おしゃべりをするなどの意味をもつ「ソセ」(*sose*)という動詞の名詞形である。

人の死後とりあえず行われる仮葬式も「クー・ソアスガ」、つまり「死者を弔って、一族知友が集い、一夜を語り、歌い、踊り明かすこと」と呼ばれる。

主作物のトウジンビエ、モロコシの取入れも済んだ農閑期の夜、開放的で誰でも出入り自由な家囲いの中庭。今夜はどこの家で、熾火《おきび》を囲んで「ソアスガ」をするというのは、だいたい決まっていて、その晩夕食後、その家の中庭に、皆集まってくる。

口切りは「なぞなぞ」

はじめ、「前座」のような形で、口切りになるのは、大抵幼い女の子が中心になる「ソレムコエセ」と呼ばれるなぞなぞだ。モシ語では、いわゆるお話となぞなぞは、同じ「ソレムデ」という語で呼ばれる。語源は明らかでないが、「ソルゲ」(隠す、偽装する)という動詞から出ていると思われ、「何かが隠されているもの、比喩で表現されているもの」の意味が含まれていると思われる。

「ソレムコエセ」は、日本語で言う「なぞなぞ」だ。モシの例「訪ねてゆくと真っ先に出て来て挨拶するものは何？」「蝿《はえ》」のように、言葉の意味内容によって、問いに対する答えができているものもあるが、むしろ一般的なのは、問いかけの句の末尾の数音節の音調（モシ語も、他の多くの黒人アフリカの言語と同じく、言語音の高低が、

トウジンビエ
（*Pennisetum america-num*（*L.*）*Leeke*）

モロコシ（*Sorghum sp.*）
共に、ブルキナファソ中部モシのヤルゴ村で

川田撮影（1963年10月末）

意味に関わる音調言語だ）と同形の音調を末尾に含む句で答えるものだ。

答えの句の内容は、問いの句の内容に対して意味を持つもの、逆にナンセンスなものもあり、さらに問いかけそのものが、全く意味のない音の高低の連なりで、それに音調の合った、意味内容のある句で答えてゆくものもある。音調の表示を含むモシ語の表記が複雑な上に、紙幅もないので、例を文字化して示すことは省く（詳しくは、「ソレムコエセ」のやり取りの現地録音に、解説を付したカセット（川田、一九八二）を参照）。同種の音調合わせのなぞなぞは、やはり音調言語を持つ黒人アフリカの他の社会にもあることが報告されている（Faik-Nzuji,1976）。

聴き手が答えを探すお話

日本語の昔話に当たるお話も、このようななぞなぞと同じソレムデという名で呼ばれる理由は、土地の人の説明では、そのなかにメッセージが隠されているからでもあるが、実際になぞなぞというより問いかけで終わるお話も、モシ社会に限らず黒人アフリカには多い。前記のようなソレムコエセは、なぞなぞ一般がそうであるように、答えを即興で考案してもいいが、普通はすでに答えが決まっていて、答え手はそれを探し出すのである。

しかし、問いかけで終わるお話には、用意された答えがない。むしろ一つの答え

トウジンビエの採り入れ

ブルキナファソ南部モシのゴーデン村

主作物採り入れ後の風景
川田撮影（1964 年）

を選ぶことが難しい状況で、お話の聴き手は答え、しかもその答えに自分なりの理由づけをすることを求められる。英語圏の研究者が“dilemma tales”「ジレンマ物語」と呼ぶ由縁だ。アフリカの他の社会も含めて、既に刊行されている事例は数多いが（BASCOM,1976）、私が採録したモシの一例を挙げる。

「ある男が、彼の妻と隣人の妻と一緒に旅に出た。途中、腰まで水につかって川を渡り、対岸に着いてみると、女性二人の性器が流されてしまっていた。男は川の中を探して一つだけ見つけた」と。

ここで語り手は聴き手に向かって、「さて、この男は見つかった一つの性器を、二人の女性のどちらに与えるべきか？」と問いかける。いくつかの可能な答えに、即興の理由づけが求められ、それがまた座の笑いを呼び、注釈や反論のやり取りが続く。

「ソレムデを語る」ことは、モシ語では「タオ・ソレムデ」という。「タオ（*taw*）」という動詞は、何かをねらって石などを「投げる」、弓で矢を「射る」などの意味に用いる。つまり聴き手に向かってことばを投げかけ、投げかけられた方は、それに「レクレ」（*lekre*）するのだが、「レクレ」という動詞は、逸脱したものを「元に戻す」、溝を掘って水を「導き出す」というようなときに用いる。

これらの言技《ことわざ》は、モシ語で共通の概念で把握されているだけでなく、それらが実際にやりとりされるソアスガの場でも、不可分に混じり合っている。夕食後の円居《まどい》のな

ゴーデン村の子どもたち

川田撮影

かで、はじめ子どもの一人が「タオ・ソレムデ」と言い、その場にいる誰かがそれに応じてソレムデ（多くはソレムコエセ）を投げかければ、そこに居合わせる者によって、「言技の座」が生まれる。

「ソレムウォコ」（長いお話）をやれよ！

ひとしきりソレムコエセが賑やかにやりとりされ、座が活気づいた頃、その中の一人でお話を期待されている者に、誰かが「タオ・ソレムウォコ」（長いお話をやれよ）とうながし、それを受けた者が「ラオンダーベー……（昔男がいて……）」と話し始めることになる。これに対して座の他の人たちからは、盛んに合いの手が入る。

合いの手のことばは、西アフリカ内陸国で共通語として有力なバンバラ語から取り入れられた「ナーム」（*naamu*）という、定型化された、特に意味のない応答・相槌《あいづち》語もよく用いられるが、話の内容に応じた注釈や冷やかし、共感、驚き、先を促す言葉などが、臨機応変に座のあちこちから飛び出す。

下稽古をしておいて話すわけではないから、途中でつかえて先を忘れたり、前後を逆にしてしまって、後で言い直すこともあり、そういう時は、座の聴き手の誰かが助け船を出したり、間違いだと言って口を挟み、それに対してまた別の聴き手から異論が出るなど、賑やかな言葉のやりとりのうちにお話が進行する。途中から別の人が引

ゴーデン村はずれに立つバオバブの巨木

川田撮影

き取って話すことも、ほとんど並行してもう一人が話すというようなこともある。

初めのうち、首尾一貫した「昔話」として採録し、テキスト化したいと思っていた私は、こうしたソアスガの実際のあり方に接して戸惑い、不如意を感じたものだった。だが何度かソアスガの場に居合わせるうちに、こういう雑然とした、ときに複数の言述《ディスクール》が同時に飛び交うコミュニケーションこそが、彼らにとっての生きた言技《ことわざ》の楽しみ方なのだということが、納得できた。

こうした長短のソレムデに混って、単独または掛け合いの連鎖句（*yamuekre*）や早口言葉（*sankandre*）などの言葉遊びが演じられる。内容を和訳したのでは、元の句のリズミカルな面白さが消えてしまうが、例えば次のような問答形式の連鎖句がある。

仔馬さん、お前は何て痩せっぽち
肥りたいけど、草がない
草、草、生えな
生えたいんだが、雨がない

雨、雨、お降り
降ってもいいが、ドアーガが花をつけたかね*
ドアーガ、ドアーガ、花をおつけ

つけたいけど、猿が枝から降りていない
猿、猿、降りな
降りたいが、犬が下にいる
犬、犬、行きな
行ってもいいが、主《あるじ》が呼んだかね
主《あるじ》、主《あるじ》、呼んでおやり
呼んでやりたいが、鍋が煮えてない
鍋、鍋、お煮え
煮えたくっても、薪《たきぎ》が燃えてない

薪、薪、燃えな
燃えようにも、斧《おの》がおいらを切っていない
斧、斧、お切り
切りたいが、鍛冶屋がおいらを叩いてない
鍛冶屋、鍛冶屋、お叩き
こんなにひもじくって、叩けるかい
ひもじこ、ひもじこ、出てお行き
でも、父《とう》さん家《ち》を捨てるわけにもいくまいよ

＊マメ科の野生樹ドアーガ Parkia biglobosa が赤い毛糸玉状の花をつけることが、雨季の始まりの印。花は猿の好物。

かつては、この種の共通の唱えごとを一座で合唱してから、ソレム・コエセに移ったといわれている。

モシの世界像、自然観の特徴は？

さて、この稿を続ける前に、夜のお話を理解する上で不可欠の、モシの世界像、自然観の特徴について、概略を述べておかなければならない。煩雑化を避けるため、ここでは、私のお話の採録に直接関わる、南部モシ社会のテンコドゴ地方に初めから限定して述べるが、他の地方のモシ社会では、これとは異なる習俗が行われているところもある。

世界像というと何やらいかめしいが、要するに世界をどのように分けてとらえているかということだ。「文化の三角測量」でヨーロッパや日本の例と対比して、手短にくりかえしておこう。ヨーロッパのように、はじめ森に覆われていた土地を切り開いてヒトが棲む居住地「ドムス」*domus*を築いたヨーロッパでは、その外に広がる「森」を意味するラテン語*fortis*「外側の」との対比がある。

日本では、家（家猫）に対して山（山猫）があり、その中間に田畑などの野良（野良猫）がある。家猫と山猫の相互変換はあり得ないが、野良猫が拾われて家猫になったり、家猫が捨てられて野良猫になることは頻繁に起こりうる。

モシ社会では、「イリ（＝家、人間の居住地）」の外側には「ウェオゴ（＝荒れ野）」があるのだが、昼間は「イリ」、つまり人間の領域が広がっているが、日没と共に「ウェオゴ」の領域が拡大されて、「イリ」の中にまで入ってくる。ウェオゴは、元来野獣や野の精霊「キンキルシ」の領域だが、夜は野獣やキンキルシも、「イリ」のお話の場に入って来る。

野獣が人間と自由に交わる夜の「ソアスガ」は、まさにキンキルシの活躍の場でもある！

「ひる昔」（昼間の昔話）は禁止

日本でも、「ひる昔」（昼間の昔話）はするものではないとされている地方は多いが、モシ社会でも昼間昔話をすると母親が死ぬという、厳しいタブーがある。昼間は、昔話などせずに働けという以上の、キンキルシをめぐる世界像との結びつきがあるのではないかと思われる。

いわゆる昔話のなかには、登場人物のせりふが歌になって繰り返されるものが多い。

語り手ごと、一回ごとの語りの即興性が大きい昔話でも、歌の部分は旋律が句に付着しているため定型化されている。そして語りの細部が忘れられていても、歌の部分は多くの人が覚えている。

歌の繰り返し（リフレイン）の部分は、かつては座の参加者みんなで合唱したのだという。お話のなかの歌は、登場人物がストーリー展開の重要な部分で感情を表白する時に歌われる。いわば、「地」のレチタティーヴォ（叙唱）に対するアーリア（詠唱）のような部分と言えよう。聴き手がそれを合唱するのは、座の人たちも登場人物に感情移入して、話の展開に参与しているということにほかならない。

言技の場の性格

いま概略を述べたような、モシの言技の場としての「座」の性格を見よう。

まず、座はきわめて自生的、偶発的に、そこに居合わせた人々によって作られる。しかも途中で退出したり、横になって眠ってしまって、言技のやりとりからはずれる人もあり、逆に途中から来て座に加わる人もいる、仮りそめでゆるやかな集合だ。仮りそめではあるが、同席者はすでに生活の他の面では、十分親しい人たちばかりだ。

モシ社会での夜の円居《まどい》に数多く加わって得た印象をまとめると、一貫した筋の通ったお話をじっくり聞かせるのは、年配の女性に多い。若い男性で何人かお話の上手な者はいるが、年配の男性は聴き手にはなるが、話し手にはならない。夜の円居で話すことは、ある年配以上の男のすべきことではないという不文律が、この王政社会にはあるかのようだ。だがこのことは、訊ねても意識された規制としては、確かめられなかった。

若い男性で何人かお話の上手な者は、母親が上手な話し手であることが多い。その関係を、私が夜の円居に加わった範囲で整理してみると、次に示す『話し手の母子関係図』のようになる（名前の下の数字は、当時の年齢）。

この図で左上に示されている当時56歳のラムーサ（姓はバガヤン）は、『サバンナの音の世界』（白水社）A－9、A－13に二回、それぞれかなり長い、歌入りのお話が収録されているが、あとで詳しく紹介するように、内容豊かで感銘深いお話だ。残念ながら子や孫に活発な語り手は恵まれなかったようだ。男性の語り手で、抜群に優れて

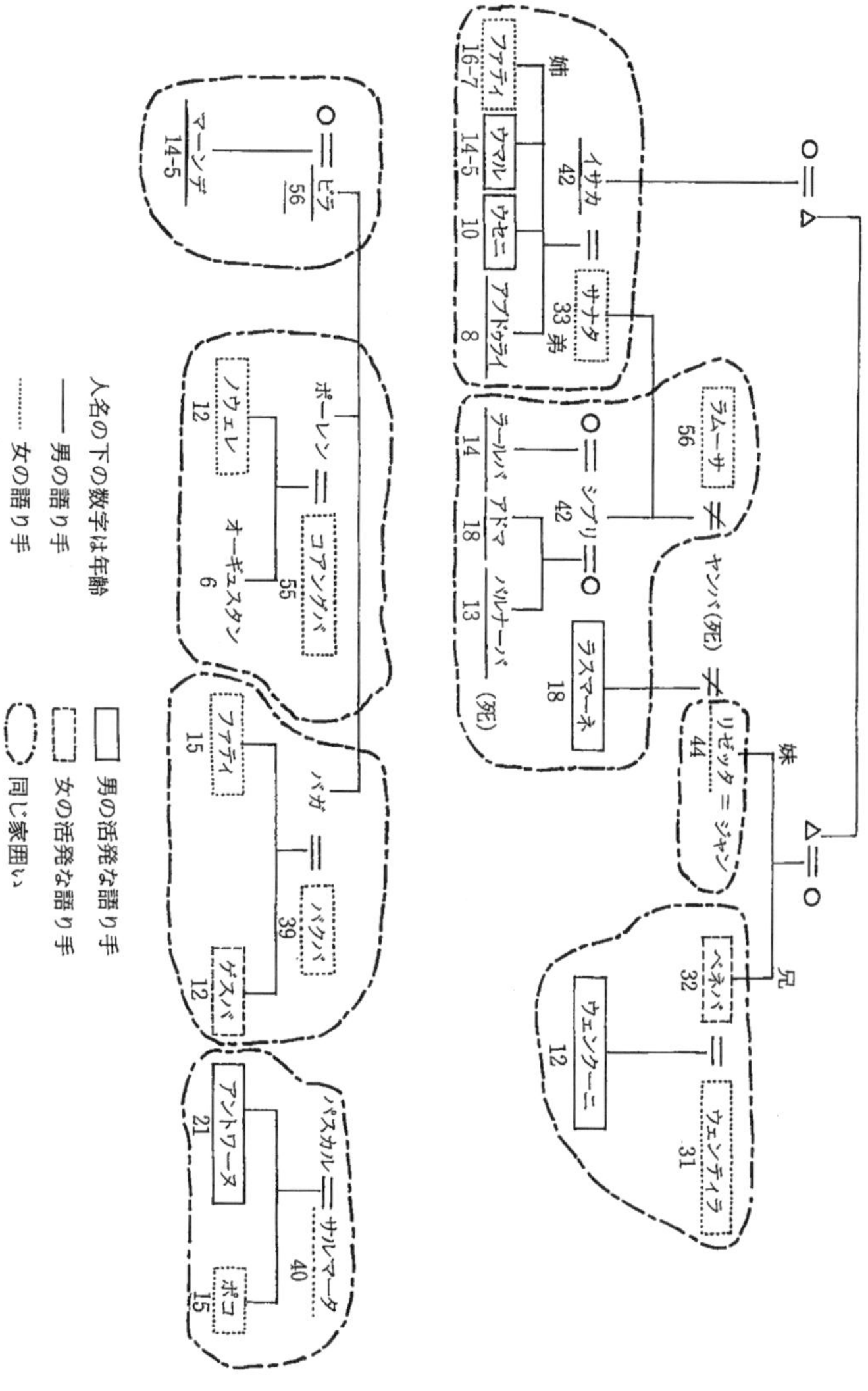

『ゴーデン村の活発な話し手の母子関係図』

いるのは、図の右下のアントワーヌ（姓はコルゴ）だ。たくさんの録音されたお話の中から精選された『サバンナの音の世界』にも、アントワーヌのお話は三つも、しかもかなり長く採録されている。夜の円居に、女の子たちのソレムコエーセがひとしきり飛びかったあと、大抵は少し遅れてアントワーヌが姿を現すと、座はもう期待で浮きたって、アントワーヌ、アントワーヌと声がかかる。

『サバンナの音の世界』A面2）に採録されている、アントワーヌのお話の一つを紹介しよう。ここでも、知恵者（ここでは「悪知恵者」だが）は、ウサギだ。

サバンナの動物たちを皆やっつけてやろうという、ウサギの企《たくら》みとも知らず、動物たちがウサギの調子の良い指図に乗って、大行進を始める。

先頭がゴキブリ、そのあとからニワトリ、ネコ、イヌ、ハイエナ、ライオン、ゾウの順で、縦一列になって歩く。ウサギはゾウの上に乗って、一番うしろから指揮をする。行進が渋滞するたびに、先頭を歩いている者のせいにされ、そのすぐ後ろの者が前の者を呑み込んだり、やっつけたりして始末し、また、「キェンデンタル、キェンデンタル、キェンデンタル、キェンデンタル」（歩いて、歩いて、歩いて、歩いて）、行進を続ける。

最後にウサギが乗ったゾウが残り、ウサギはゾウの耳に枯れ草を詰め込んで火をつける。

他愛ないといえば、それまでのお話だが、実に調子よく、アントワーヌは可笑しいところは自分でも笑いながら、リズミカルに話し、聴き手たちも調子につりこまれて、「ナーム！」という北方のバンバラゴ語から取り入れられた相槌の言葉や、「ゲス？」（うん、それで？）など、語りを促す定型句を連発して、いわば語り手と聴き手共同で、「一席のオハナシ」が、紡ぎ出される、その呼吸の見事さは、カセットブックで録音を聴いて下されば納得がゆくだろう。同席して録音している私にも、快い時が流れる。

歌が活かされている語り

だが何と言っても、お話の内容、話し方の素晴らしさで私の心に染み込んでいるのは、「活発な話し手図」の中央左上、当時五十六歳のラムーサ・バガヤンの歌入りのカエルの話だ。

若い男がいて、ソンパヤーデという娘のところへ通って忍び合っているが、王さまがこの娘を妃の一人として娶《めと》ってしまう。男はソンパヤーデの叔母に変装して王宮に忍び込み、王さまの目を騙《だま》してソンパヤーデと睦《むつ》み合う。この叔母さんは怪しいという廷臣の忠告で、王さまはこの叔母に、杵《きね》を突きながら腰布を取る儀礼を皆の前でさせて、本当に女かどうか確かめることにする。

ソンパヤーデにこのことを教えられた男は、途方に暮れて、夜ひとり宮廷を抜け出し、沼のほとりに行って泣いている。カエルが出て来て訳《わけ》をたずね、それなら、あたしは今身ごもっていて要らないからと言って、自分の性器を男に貸してくれる。その代わり、必ず返してくれと念を押す。

男は翌日、それをつけて王さまの前で腰布をとり、女であることを立証する。王さまも廷臣も、皆、これがソンパヤーデの本当の叔母であることを、疑わなくなる。男はすっかり安心して恋人と一緒に暮らし、カエルに性器を返すことを忘れてしまう。

カエルは出産が近づいて、性器が必要になり、苦しくなって、「ロ・ア、ロ・ア、ロ・ア」(直接には、カエルが跳ねて進むさまの擬態語だが、同時に鳴き声の感じも出している)と跳ねて王宮に行く。そしてまず、第一の王妃のザカ(住居)の前に行って歌う。

「王さまのお妃ソンパヤーデのザカはどこ? ザカはどこ? わたしのアレを返して下さい。私のお産の日が近づいた。だから苦しくって、叫ばずにいられない、ワーイ、ワーイ」

すると、ソンパヤーデのザカはもっと向こうだと言われる。そしてとうとう、ソンパヤーデのザカの前に来て歌うと、ソンパヤーデはカエルをつまんで、家の後ろへ放り投げてしまう。

カエルが地面にのびて死にかけていると、通りかかった子どもたちが、カエルの脇腹を刺して殺してしまう。結びの格言「人間は恩知らずだ、人間なんていいものじゃない」

このカエルの歌は、内容は悲痛だが、節には何となくとぼけた可笑しみがあり、それが物語を陰惨な感じから救い、それでいてかえって、カエルの愚直さと人間のずるさを、さりげなく際立たせる役割をしている。お話のなかで要《かなめ》になる言葉を歌にする意味、つまり言葉の韻律的特徴によって、お話全体に、ある色調を与えることが、よく生かされていると言える。

お話全体のなかでは、あっちだこっちだと無駄足をさせられるカエルが、同じ歌を三回繰り返して歌い、四回目に目指すソンパヤーデのザカにたどり着いて歌う。同じ歌の繰り返しのうちに、だんだん深められてゆく哀れのようなものも、歌の効果として見過ごすことができないが、カセットにはごく一部しか再録できなかったのは残念だ。

複数の語り手が作る「協話」

こういう、洗練された物語がある一方で、年の行かない男の子で、勢い込んで話し始めても、途中で続けられなくなって、他の聴き手が引き取ることも、そのまま尻切れに終わることもある。何人かで順に引き取って一つのお話を完成させる、「協話」とでも名付けたくなるお話もある。

音声コミュニケーションの場として、私は「対座」、「座」、「会衆」「公衆」を区別した（川田、2001上：132-140）。二人の対話者から成る「対座」よりも「座」は規模が大きいが、しかし互いに顔を見ながら普通の肉声で十分話ができる程度の広さで、しかも座の構成者がすべて、聴き手であると同時に発話者になり得る、つまり潜在的な語り手である点が、「会衆」や「公衆」とは著しく異なっている。「座」よりも構成者の人数が多く、儀礼参列など、ある共通の目的のために集まった、互いに顔見知り程度の「会衆」は、彼ら自身が発話者になる可能性なしに、特定の役割をもった発話者による一方的なメッセージを聞くのだし、不特定多数の受信者である「公衆」も、しばしば拡声装置を用いた一方的な受信者に過ぎないのだから。

8

アフリカの落語（その二）

「座」の成り立ち

会衆を「行事共同体」とすれば、「座」は「語りの共同体」ないし「言技《ことわざ》共同体」といえる。「座」の構成者は、自らが発信者になることによって、声のパフォーマンスを通じて言技共同体に参加するのだ。文字のない、従って声による伝達にきわめて大きな価値が置かれているアフリカ社会の言技の「座」に居合わせて私が感銘を受けたことの一つは、彼らの社会で昔話というのは、聞く喜びにも増して話すよろこびが大きいということだ。たとえ拙《つたな》くても、座の構成者が自分の声で座に加わるよう、他の構成者はうながし、助ける。そこから、聞き手による訂正や助け船、部分的な代りの語り、語り継ぎなどが生じる。そこで進行するのはモノローグ（独話）としての語りではなく、座の構成者によって、共同で作られてゆくこともある、シンローグ（協話）とでも名付けるべき言述だ。座の音声コミュニケーションの特徴も、シンローグが成立するところにあるといえよう。

ソアスガが自生的、偶発的に形成されるといっても、夜の円居がソレムデの座に発展しやすい「場」としての条件や、言技に好んで参加する人々の条件を考えると、その構成は決して偶発的ではないことがわかる。

言技のソアスガは、主に農閑期の夕食後のものだが、モシ社会では夕食は、父系拡大家族の家囲いで、

（イ）成人男子とある程度以上大きい男の子、

（ロ）既婚、未婚の女性および年端のゆかない男の子、

に分かれ、家長の小屋の前の「庭」と、妻の小屋とかまどのある「庭」に分かれて食

べる。既婚男性が家長一人しかいない家族でも、彼の妻の数だけ、それぞれの妻の「庭」に、（ロ）の構成の円居ができる。そして夕食後のくつろいだ取り止めのないおしゃべりが言技の場になるのは、（ロ）のタイプの円居に多い。座の中心は既婚、未婚の女性と年端のゆかない男の子であり、そこに話好きの青年、ひやかし半分にのぞいた既婚男性などが加わるという形を取ることが多い。

私が主に暮らしたゴーデン村で、録音を取った十九の言技の座は、私が十分に村の人たちと親しくなり、村人の自生的なソアスガにも度々同席した後だったが、それでも録音を取るという行為のために、当然のことながら、完全に村人の自生的な状態であるとはいえない。村人は私が録音を取り、それを後で皆で聞くことをむしろ喜んだし、次のソレムデはいつどこで録音するのかと楽しみにして私に訊ねた。私はなるべく村人が気楽に集まれる家を選んだが、次にゆく家の家長に挨拶したために、ソレムデの場は、その家囲いの家長の「庭」になることがほとんどだった。それにもかかわらず、後でソレムデへの参加者を整理してみると、私が偶然居合わせたために参与観察する機会を得たが録音は取らなかった自生的なソレムデの参加者と、座の構成が結果としてほぼ同型になっているのは興味深い。

いま、私がゴーデン村で録音をとった十九の言技の座への参加者のうち、主として長いソレムデ、つまりいわゆる昔話の語り手で、名と家族関係などを知っている五十三人について、男女別、既婚未婚の別、そして未婚者については当時十五歳以上と以下に分けてみると、次のようになる。

男性	既婚者	七
	未婚者（十五歳以上）	九
	未婚者（十五歳以下）	十五
女性	既婚者	十三
	未婚者（十五歳以上）	八
	未婚者（十五歳以下）	一
	合計	五十三

その内容を検討してみよう。

まず、男性既婚者七人は、一人を除いてすべて年齢は二十代から四十代前半以下の、比較的若い人ばかりだ。ただ一人の年配者は、かつてフランス軍の兵役についていた五十六歳の剽軽者《ひょうきんもの》で、よく村の中をほっつき歩いている。座に加わって話したがるが、首尾一貫しない話が多く、話し方も単調で、面白味に乏しい。聞き手の反応や合いの手も少ない。

他の既婚男性で活発な話し手は、三十二歳のベネバだ。小柄なおどけ者で、毎日村のどこかの家で必ず作るダーム（モロコシビール）を朝からしこたま飲み、夜も村のなかを歩き回ってソレムデの座によく顔を出し、話もよく知っているが、酔いのためか混乱が多い。ベネバはもう一人の既婚男性でよく話すイサカと同じ父系血縁集団に属している。

ほかに約五〇キロ離れた町の出身でこの村の女性（彼女もしっかりした良い語り手だ）と結婚し、ゴーデンから六キロの町で商業をしている二十代の男が、上手とは言えないがよく話す。彼はこの村にとってはよそ者だが、この村の聞き手にしばしば話を直される。他の三人の既婚男性のうち二人、三十六歳と二十八歳は、自分の家でソアスガを催すことに熱心で、主催家の家長として、付き合いで話した感もある。とくに二十八歳のイスラム教徒で、近くの町の市場で自転車の修理をしているユースフは、万事に積極的な性格で、自分の家でソアスガをやるから録音に来るようにと私を誘った、しかし彼自身の話は面白くなく、連鎖唄、付け加わり話など三つをしたに過ぎない。

既婚男性の語り手についてやや詳しく述べたのは、ソアスガの座に既婚男性、とくに中高年者が占める場が、モシ社会では一般に極めて小さいように思えるからである。自生的な言技の座でも、五十歳以上くらいの男性の参加や、ましてソレムデ語りは無かったと言ってもいい。

これは、どう解釈すべきだろうか。

モシ社会では、独立の王朝、この研究で対象としている地域では、南部モシ最高位のテンコドゴ王朝、それに従属する、歴史的にはより古い下位の王朝(東部のラルガイ、モアーガなど)、テンコドゴ王朝に従属する、ロアンガ、ウェゲドなど地方の小王朝など、さまざまなレヴェルの王朝それぞれの系譜語りがあり、年毎の祭儀に球形ヒョウタンの太鼓ベンドレの打奏と語りが公けにされる。こうした状況で、ある年配以上の男性が、キンキルシの支配する夕食後の円居の場で、王に関わる語りを口にするのを憚《はばか》るのは、当然と言えるかも知れない。

その一方で、幼童婦女子による夜の笑い話では、権柄づくの王さまは、知恵者のウサギに出し抜かれてばかりいるのだ。それだけではない、おそらく独立発生だが、日本で『俵薬師《たわらやくし》』という通称で知られている、欲深な王さまを騙して、沼に放り込んでしまう過激な笑い話とそっくりな話も語られている。笑いのあり方の多義性についても、モシの夜の円居は、何と豊かな教訓を含んでいることか。

王さまを、とくに知恵者のウサギが騙す笑い話をいくつか。

まず、日本の昔話分類で「婿《むこ》選び難題噺」などと呼ばれている噺から。

王さまに綺麗な娘がいて、婿の志願者（ここでは動物たち）が大勢いる。王さまは、キンタマが音を立てて鳴るほど踊れる者がいたら、その者に娘をつかわそうというお触れを出す。動物たちが王宮に集まって、王の前で踊るが、どうしてもキンタマは鳴らない。

みな失格となったところへ、ウサギがだぶだぶのクルガ（股上の深いモンペのような男のはきもの）のなかに、ホロホロチョウとニワトリとキジバトの雛《ひな》を入れてやって来る。そしてユグリ、ユグリと腰を振って踊ると、雛たちはびっくりして、ホロホロチョウは「キャ」と鳴き、ニワトリは「フィーンニョ」、キジバトは「ククルキ、キャ」と鳴いたので、ウサギはまんまと王さまの娘をもらったが、他の動物たちはみんな、キンタマの皮が擦りむけてしまい、痛くて泣いた。

これは、ゴーデン村のファティ・ウィンドガという、当時十五歳の活発な語り手の女の子が、よどみなく聴かせてくれたお話だ（カセット・テープ『サバンナの音の世界』に、その見事な語りが収録されている）。ファティ・ウィンドガは、上記の『ゴーデン村の活発な話し手の母子関係図』を見ても、母親のバクバも、妹のゲスバも優れた語り手であることが分かる。

9　日本とモシの『俵薬師《たわらやくし》』

日本とモシの『俵薬師』

伝播とは考えられないから、人間の考えることには遠く隔たった地域のあいだにも、思いがけない共通性があるという一例というべきだろうか。

まず、日本の『俵薬師』を、地方による偏差を除外した粗筋を、簡便のためにメイプルタウン版によって「前編」「後編」に分けて以下に紹介する。

俵薬師（前編）

むかしむかしあるところに大旦那がいて、たくさんの使用人を雇っていました。

その中に、ひときわ機転のはたらく男がいました。

ある日、男は旦那に、

「旦那様、裏山の松の木に鷹《たか》が巣を作ってます」

と言いました。旦那はそりゃ珍しい、と男と一緒にそこへ向かいました。

見ると、松の木の枝に白いものがついています。

旦那はさっそくはしごをつかってそれを見に行きました。

しかし、それは鷹の巣でなく、飯粒がついてあるだけでした。

「あいつめ、騙《だま》したな」

しかし、時は遅く男ははしごをはずしてもっていってしまい、旦那は降りられなくなりました。

男は泣きながら屋敷へ帰り
「旦那が木から落ちて死んじまった」

と言いふらしました。そしておかみさんに
「こうなったら尼《あま》になりなさい」
と、髪をそってしまいました。
そこへ、なんとか降りることのできた旦那が帰ってきました。
つるつるになったおかみさんの頭を見て怒り、
「おまえのような奴は生かしておけん！」と、男を
俵《たわら》に詰め込んでしまいました。
さあ、男の運命やいかに？

俵薬師（後編）

旦那は俵に詰めた男を海に捨てるよう、下男たちに言いました。
その途中で男は「実はおれは庭の木の下に金を埋めてある。それを使わずに死ぬのは残念だ。おまえたち、おれの代わりに使ってくれないか？」と言いました。下男たちは俵を道においていて金を掘り出しに行きました。

しばらくして、座頭が通りかかり俵につまずきました。

「おまえさん、こんなところでなにをしてるのだ」

と聞かれたので、男は「目の治療だ。こうして俵に入っていると目が治るんだ」と言いました。座頭は「それがほんとうなら俺も試してみたい」ということで、男は座頭に俵の紐をとかせ、外へ出ることができました。そして、代わりに座頭を俵に詰め込みました。

しばらくすると下男たちが戻ってきて「金なんかなかったぞ、嘘つきめ」と、座頭の入った俵を担いで持って行き、海へ捨ててしまいました。

それから数日して、男は魚を釣って旦那の屋敷へ戻りました。

旦那は、「お前どうして生きているんだ」

と驚きました。「なに、竜宮へ行ってきたんです。この魚はお土産にもらったんです」と、竜宮のすばらしかったことを話してきかせました。

旦那は自分も行って見たくなり、下男たちに自分を俵に詰めて、そのまま海へ投げ込ませました。

もちろん、旦那はそのまま帰ってきませんでした。
こうして、屋敷もおかみさんも、すべて男のものになった、ということです。

モシ版『俵薬師』

日本の『俵薬師』に似た筋立てで、欲深い王を騙して沼に投げ込んでしまう話も、モシのわがゴーデン村で採録された。

ある嘘つき男が、親が遺《のこ》してくれた僅かな金の粒を馬に食わせ、その糞を王に見せてこの馬は金の糞をすると言う。欲深な王はその馬を献上させ、毎日糞を調べるが金は出ない。怒って男を王宮に呼び出す。
男は母親と一緒に王の前に出て、詫《わ》びのしるしにと言って母親の喉《のど》をいきなり小刀で刺す。喉には鶏の血を詰めた袋をあらかじめ取り付けておいたのだ。仕組んでおいたように、母親は死んだふりをする。王が慌てると、男は、死んだ者を生き返らせる妙薬があると言って、用意した薬を飲ませ、母親は元に戻る。

王がその薬を取り上げ、妃の一人を刺し殺して薬を飲ませるが、生き返らない。お前のような嘘つきは、沼に放り込んでやると言い、男を縛って駕籠《かご》に乗せる。

駕籠が町はずれに来たとき、男は「こんなことになるなら、ウチの縁の下に埋めて置いた大金を取って来れば良かった」と独り言を呟《つぶや》く。駕籠をかついでいた二人が、駕籠を置いたまま男の家まで行ったあと、通りかかって駕籠につまづいた盲人に、男は行きたくない目医者の所に連れて行かれるのだと言って、縄を解いてもらい、盲人と入れ替わる。縁の下に金などなかったことに怒って戻った駕籠かきに、様子が変なので盲人が訊ねても駕籠かきはもう騙されないと言って、駕籠を沼に放りこんで王宮に戻る。

翌朝、嘘つき男は着飾って、沼の魚を土産に買って王宮に来る。驚いた王に、沼の底は素晴らしい別世界だったと言い、自分も行きたいと言う王を沼に沈めて、男は王位に就く。

これは、私が日本の『俵薬師』の話をして、これに似た話はないかと訊ねた結果出て来たものではなく、まったく独立、自発的に語られたものだ。

　これを語ってくれたのは、私が他のお話もたくさん採録した、ゴーデン村に住む、ビラ・ウィンドガという、当時五十四歳の「イーンダ」という役の男性だ。「イーンダ」というのは、物識りで声がよく、村人一人一人の「コーボ・ユーレ」（耕作名）または「ザブ・ユーレ」（戦名《いくさな》）と呼ばれる「称賛名」（生まれたとき親がつける名とは別に、成人してから自分につけて、何かの時、「イーンダ」という役の者に、公の場で節をつけて大声で叫んでもらう、自己顕示的な意味のある句）で、その実際のパフォーマンスは、カセットテープ『サバンナの音の世界句』テープ1、バンド2、14で聴くことができる。

　ビラ・ウィンドガが、テンコドゴの王室の事情に特に明るかったことは、彼の経歴からも知られる。一八九七年最初のフランス軍がテンコドゴ地方を軍事支配する直前にあった内戦での勝者で、現在のテンコドゴ王朝最初の王になったのがカロンゴ王（一八八七〜一九〇八年在位）だが、まだ幼かったビラ・ウィンドガは、カロンゴ王お気に入りの「ソグネ」（小姓）だった。

彼はソグネの役を忠実に務め、次の代のコーム王（一九〇八〜一九三三年在位）の「バルーム・ナーバ」（儀典長）にとり立てられた。一九三三年に、コーム王から息子のキーバ王に代が変わる折に、ビラ・ウィンドガは王室の役から引退した。

それ故、私がテンコドゴで現地調査を始めた一九六三年の直前一九五七年に、ダカールの私立高校から呼び戻されて即位したティグレ王の時代には、彼はもう王室の職からは離れて、ゴーデン村の「イーンダ」の役としてだけ、まだ元気で活躍していたことになる。

こうしたビラ・ウィンドガの経歴からも、王権をかさに私利私欲を貪《むさぼ》る王を戒める『俵薬師』の話は、彼が語るのに打ってつけだったことが分かる。

これまで記して来た状況からも、日本と西アフリカ内陸のモシ社会とで、よく似た話が語られているのは、おそらく伝播によるものではなく、人間の考えることの基本的な共通性に由来すると見るべきではないかと私は考えるのだが、読者諸氏は、どういうご意見だろうか。

これで、世界のあちこちを巡った『人類学者の落語論』を終わる。

第3部

採取地　オートボルタ南部
採取年　一九七八年／一九八一年
採取者　川田順造

アフリカの夜の話

《シー、ハー》ウサギ

王さまに娘《むすめ》がいた。きれいな娘だったので、みんなもらいたがった。王さまはトウガラシの入ったザルを置いて、こういった。

「これを《シー、ハー》とやらずにぜんぶ食べたものがいたら、その者に娘をやろう」

ウサギは肩から袋をさげて出かけた。

ハイエナは、トウガラシをつまんでちょっとなめてみて、食べたが《シー、ハー》
ライオンも近寄って、トウガラシをつまんでちょっとなめてみて、食べたが、《シーッ、ハー》みんな、つぎからつぎに《シー、ハー》

❶

ウサギがすすみでた。トウガラシをつまんでなめてみて、それから食べながら、「ハイエナさんは《シー、ハー》ってやりましたね。でもわたしは《シー、ハー》なんてやって、ヨメさんをもらいそこねたりはしませんよ。ライオンさんも《シー、ハー》ってやりましたね。でもわたしは《シー、ハー》なんてやってヨメさんをもらいそこねたりはしませんよ……」

こうやってつぎつぎにまねをして《シー、ハー》とやりながら、すばやく脇にさげた袋にトウガラシをつかんで入れた。

「ゾウさんも《シー、ハー》ってやりましたね。でもわたしは《シー、ハー》なんてやってヨメさんをもらいそこねたりはしませんよ……」

そのまに走っていって、水も飲んだ。

「サイチョウさんも《シー、ハー》ってやりましたね。でもわたしは《シー、ハー》なんてやってやってヨメさんをもらいそこねたりはしませんよ……」

とうとうウサギは、トウガラシを食べて、ざるを空にした。そして王さまの娘をもらった。

《シー、ハー》ウサギ

ウサギに負けた王さま

王さまがいて、畑仕事に人を集めることにした。ところが、ウサギも畑仕事に人を呼ぶという。それも、おんなじ日に、だ。

ウサギは、かみさんを手伝って、タォ、タオ、タォ、と、大急ぎで水を汲《く》んできて、甕《かめ》をいっぱいにした。

王さまはお屋敷に坐って、畑仕事に来る人に振舞うモロコシ酒をつくるのに、お后《きさき》たちを川へ水汲みにやった。

お后たちが川のほとりに来ると、ウサギがクンデ〔ギターの一種〕を鳴らして唄っている。

〽おらが王さまのお后さまが

おやおやこれは、お出ましだ
おいらはちいちゃなクンデを抱《かか》えて
小川のほとりにやってきた
ひとつ陽気に弾《ひ》こうじゃないか
クンピリンクレウ、クンピリンクレウ

お后たちは、その場で踊りだした。

王さまは、お后たちが戻ってこないので、ようすを見に、お小姓《こしょう》をつかわした。

お小姓が小川のほとりに来てみると、ウサギが唄って、お后たちが踊っている。

〽王さまのお小姓がやってきた
おいらはちいちゃなクンデを抱えて
小川のほとりにやってきた
ひとつ陽気に弾こうじゃないか
クンピリンクレウ、クンピリンクレウ

お小姓も、たちまち踊りだした。

とうとう、王さまが自分で出かけた。

〽王さまみずからおでましだ

王さまみずからおでましだ
おいらはちいちゃなクンデを抱えて
小川のほとりにやってきた
ひとつ陽気に弾こうじゃないか
クンピリンクレウ、クンピリンクレウ

王さまも、たちまち踊りだした。そのあいだに、ウサギのかみさんは、汲《く》んでおいた水で、モロコシ酒をたくさんこしらえた。

畑仕事の日になった。とうとうその日が来た。大勢の人が、あとからあとから集まってきて、王さまのお屋敷はいっぱいになった。

「王さま、畑仕事をいたしましょう」

王さまは言った。「うんにゃ、畑仕事はとりやめじゃ」

そこでみんな、ウサギのところへ行った。そして畑仕事をぜーんぶすませた。モロコシ畑もぜーんぶすませた。家の裏《うら》の畑もぜーんぶすませた。

みんなくちぐちにいった。

「いやはや王さま、これはウサギさんの勝ちですな」

お話おしまい、市《いち》もおしまい。

食べるものを出す鍋

あるとき、飢饉《ききん》があった。ウサギのかみさんは子を産んだ。ウサギのかみさんは子を産んだが、飢饉で、悪いときにぶつかったもんだ。ウサギは斧の柄に刃をつけて、沼のほとりにイルガ〔湿地に生えるアカネ科の木〕を切りに出かけた。イルガの皮を煎《せん》じて、赤ん坊の浣腸薬《かんちょう》にするためだ。ところが、イルガの木がなかなか見つからなくて、ようやく見つけた木は沼の中に生えていた。ウサギは水に入って木の枝を切った。切っていると、斧《おの》の刃が抜けて水に落ちた。沼の泥《どろ》の中を、あっちかこっちかと探していると、小さな土鍋《どなべ》が手にあたった。うっちゃって行こうとすると、鍋が、「おい、おれを置きざりにしないでくれ。おれをここから出して連れていってくれ」

という。

ウサギは、鍋をとって岸に置いた。それからまた沼の中へ斧を探しに行こうとすると、鍋が、「おまえは、おれを岸へあげてくれたが、置きざりにするのかね？　いったいおまえ、おれの名前をたずねてみたかい？」

という。ウサギが、

「で、あんたの名前は？」

ときくと、鍋は、

「おれの名は《フィック・マー（おれに出してくれ）》というんだ」

と答えた。

ウサギが、

「フィック・マー、さあ、どうだね」

というと、煮《に》た米や、肉や、いろんな御馳走《ごちそう》が鍋から出てきた。ウサギは食べたが、食べきれなくて、半分のこしてしまった。

「さて、どうするかね？」

ときくと、鍋は、

「おれをおまえの家まで連れていってくれ」

という。ウサギは鍋を抱えて、走って家へ帰った。

帰ると、ウサギは家の中に土鍋を置いて、子どもやかみさんに、みんな来てお客さまに挨拶しなさいといった。みんな来て、鍋に挨拶《あいさつ》して、出て行こうとすると、鍋が、

「おまえたちは、おれに挨拶したが、《あんたの名前は？》と聞かずに行ってしまうのかい？　おれの名は《フィック・マー》というんだ」

といった。みんなが、

「フィック・マー、さあ、どうだね」

というと、煮た米や、肉や、いろいろな御馳走が出てきた。みんなで食べたが、食べきれなかった。

　そこへハイエナのかみさんが火を借りに来てそのありさまを見た。そして御馳走になって、腹いっぱい食べた。帰って亭主《ていしゅ》のハイエナに話すと、ハイエナ、急いで走ってきて、腹いっぱい食べた。そして、これはどういうわけだろうと聞くので、ウサギは一部始終を話して聞かせた。

　ハイエナのかみさんはみごもってもいなかったし、子どもを産んでもいなかった。けれどもハイエナは斧の柄に刃をとりつけて、ティンニギ、ティンニギ、ティンニギ、ティンニギと出かけた。沼に来ると、ワオ、ワオと木を切りはじめたが、斧の刃は落ちない。ハイエナはむりやり刃をはずして、水の中にほうりこんだ。

ハイエナが沼の底を、あっちかこっちかと探していると、木の棒がみつかった。棒をひきあげたが、さて、棒はなにも言わない。ハイエナ、いそいそと、「あんたの名前は？」とたずねた。

棒は、「おれの名は《フィブグ・マー（おれを打て）》というんだ」

「フィブグ・マー、さあ、どうだね」

すると、棒はハイエナを打ちはじめた。ハイエナは、びっくり仰天。

「パーイ、パーイ、パーイ（ありゃ、ありゃ、ありゃ）」

棒は打って、打って、打って、ハイエナが糞《くそ》をたれるまで打った。ハイエナが棒に、もうあんたを置いてさっさと帰るよ、というと、棒は、

「うんにゃ、おれを連れて行け」

という。ハイエナは、棒をつかんで家へ帰った。

帰ると、ハイエナはいそいそと家の中に棒を置き、かみさんに向かって、

「どうもおれのまわりあわせは、ウサギさんのとはちがうようだぞ。とにかくお客さまに挨拶しなさい。子どもたちも、みんな連れて来るんだ」

そこでみんな入ってきて、棒に、「いらっしゃいませ」といった。かみさんはいそいそと、

ハイエナ

「で、あんたの名前は？」

「おれの名は《フィブグ・マー》というんだ」

いうが早いか、棒は家の戸口に行って戸を閉め、かみさんと子どもをめった打ちにした。かみさんはやっと抜けだして、ウサギの家まで走った。子どもも逃げてきたが、棒は追いかけてきて、みんなを打った。

ハイエナは、棒をつかんで、ティンニギ、ティンニギと沼まで走って行き、水にほうりこもうとした。すると、

「うんにゃ、おれの名前をきかないうちは、沼へは戻らん」

と棒がいう。ハイエナ、おそるおそる、

「前の名前しか知りませんが……たしか《フィブグ・マー》……」

というと、棒はハイエナを打って打って、ハイエナが糞をたれるまで打った。それからようやく、棒は沼へ戻っていった。

自分の口にわりあてられていない食べものを、むりにとろうとしてはならない。

母を売りにゆく

飢饉《ききん》があって、ウサギ、ハイエナも食べるものがなくなった。

ウサギは、ハイエナにいった。

「いいことがある。あしたの朝はやく、おまえのおっかさんの首に縄《なわ》をつけてつれてこい。おれもおれのおっかさんの首に縄をつけてつれてくる。ふたりして市《いち》へ売りに行くんだ。そうすれば食べるものが買える」

さて、ウサギは、おっかさんの首に、ほそーいほそーい古きれのひもをつけた。そして、ハイエナが来たらひもを切って逃げるようにいった。ハイエナはふとーい縄でおっかさんの首をしばってきた。

連れだって市《いち》へ出かけようとすると、ウサギのおっかさんはひもを切って、プルグリ、

プルグリ、プルグリ……逃げてしまった。ハイエナこれを見て、

「イ、イ、イ、おまえたちはみんな飢《う》えて死ぬぞ。おまえたちは食いものがほしくないんだからな」

そしてハイエナ、トゥンヌギ、トゥンヌギと歩いて市へ着き、おっかさんを売って、ロバ一頭と、それに積む皮の荷台一ぱいのモロコシを買った。

さて、ロバに乗って、カ、ティ、カ、ティ帰ってゆくと、道のまんなかにウサギが一匹、倒れて死んでいる。ハイエナ、

「このろくでなしのウサギどもめ、みんなくたばるがいい！」

と言いすてて通りすぎた。

しばらく行くと、またウサギが一匹、こわばって倒れている。

ハイエナ「まてよ、こいつらを拾ってかえれば、ちょっとした御馳走だ。引っかえしてさっきのやつも取ってこよう」

そしてウサギをつかんで荷台に放りこむと、ハイエナは荷物とロバをのこして、さっきのウサギを探しに引きかえした。

ウサギはこれを見とどけると、ロバを追って家へ帰った。そしてロバのしっぽを切りとってもとのところへ戻り、アリ塚の穴にさしこんでおいた。それから家でかみさんたち

とモロコシを食べた。

ハイエナ、もどってくると、ロバはアリ塚に引きこまれてしっぽしか出ていない。ウルス、ウルスおったまげて走り寄って、しっぽを引っぱって、引きぬいたが、アイェ、アイェ、先にはもうなんにもついていない。残ったのはしっぽだけだった。

ハイエナの武勇伝

ハイエナのしゅうとは、畑を作っていたが、なにかが畑を荒らしに来る。そこでハイエナは、しゅうとに、

「わたしが畑の番をしましょう。サルでもなんでも来たら、きょうはもう、ふんづかまえて、ぶったたいて、くたばらして、煮《に》て食べてやります。そうすればもう、おしまいです」

そしてハイエナ、畑へ出かけた。するとサルが来た。黒いサルの、でっかい、でっかいやつが！　サルとハイエナは、ばったり顔をあわせた。サルはハイエナをつかまえてなぐりつけ、こてんぱんにやっつけた。ハイエナ、糞をたれて逃げまわった。やっと逃げて、しゅうとのところへ行って、

「神さまのおかげで、きょうはひとはたらきしました。奴《やつ》はやってきましたが、なぐりつけてやったので、糞をたれて逃げました。畑を糞だらけにして、なにもせずにゆくえをくらましました」

しゅうと、

「それはでかした。きょうは神さまのおめぐみがあったとみえる。では、わしが行って、その糞をみてやろう。わしのまじない袋をもっていって、薬を糞にふりかければ、その糞をたれた者が死ぬのだ」

しゅうとは、さっそくまじない袋をもって出かけた。ハイエナは、あとをついていった。

畑に着くと、しゅうとは、

「さあ、糞に薬をふりかけてやろう」

ハイエナ、

「ンン！　ンン！　ンン、ンン！　どうか薬はかけないでください。奴がきて、奴もわたしもかっかとなって、とっくみあい、ぶったたきあっているうちに、奴もわたしも糞をしたんです。奴もわたしも。ですから、どの糞にも薬をふりかけると、わたしまで死んでしまいます」

「それでは、わしがよくみてやろう」

「ンン！　ンン！　ンン、ンン！　そいつに薬をふりかけないで！　来て見ててください、わたしが自分でふりかけますから。なにしろ、奴もわたしもかっかとなって、とっくみあって、糞をしたんですから。ふたりが糞をしたんで、糞もまじりあってるんです。しゅうとさんは、糞をひっくりかえし、ひっくりかえして見て、

「いいや、みんな同じ糞だ。これはハイエナの糞だぞ！　するとおまえ、奴をやっつけたといったのは嘘《うそ》だな！　糞をどれか一つ選んでみろ、わしがそいつに薬をふりかけてやろう」

とどのつまり、ハイエナのしゅうとは、薬をふりかけるのはやめて帰っていった。ハイエナは、こそこそとかくれてしまった。

おしまい。

やりそこなったウサギ

　ある日、ウサギは目をさますと、こんどこそほかの動物たちをみんなやっつけてやろうと思った。そこでみんなを集めて、もうこれからおたがいに悪口をいうのをやめよう、ひとをばかだといった者は死ぬことにしよう、といった。みんな賛成して、村のテンガンデ〔精霊のやどりが〕にそのことを誓った。

　ウサギは鍬《くわ》をつかむと、タ、タオ走ってほかの動物たちの先まわりをして、市《いち》に通じる道へいった。道ばたを見まわしてぐあいのいい岩を見つけると、その上にのぼって、ワレ、ワレ、ワレと鍬で岩の上をひっかきはじめた。

　通りかかった動物はこれを見て、

「いったいなにをしているんだね、こんなところをひっかいたりして？」

「うちにナスが二本生えているんだ。それをここへ植えかえようと思って。うちのやつたちと食べるのにね」

「へ？　ケ、ケ、ケ。ぜんたい岩の上にナスが植えられるものかね？　ひとの悪口を言ってはいけないことになったが、こいつぁどうも、言わずにいられない！」

その動物はたちまち死んだ。

ウサギはそれをつかんでうちへもっていくと、すぐまた岩の上にもどって、ワレ、ワレ、ワレ……。

また別の動物が通って、

「おや、なにをしてるんだね、ウサギさん」

「なーに、ここを耕《たがや》してるのはね、うちのやつとナスをここに植えようと思ったもんだからね。うちにナスが二本あるのよ」

「ケ、ケ、ケ。ひとの悪口を言わない申しあわせだが、こいつぁ言わずにいられないね。ぜんたい、ナスが岩の上でもつものかね」

その動物もその場で死んだ。

ウサギは、それを家へもちかえって、また岩の上にもどって、ワレ、ワレ、ワレ……。
ホ、オ、オ、オ！　ホロホロチョウはこれを見て、計略を思いついた。ホロホロチョ

バオバブとゾウ

ウさん、〔毛のない〕頭をサアス、サアスと櫛《くし》でとかしてから、糸を手にもって出かけた。ウサギのそばを通りすぎてゆくので、ウサギ、

「ホロホロチョウさん、どこへ行くね？」

「いえ、なに、髪の毛があんまりのびてうるさいので、だれかのところで編んでもらおうと思ってね。さもないと、もじゃもじゃ頭になりますからね！」

「ヘッ？　いったいおまえの頭のどこに毛があるんだ？」

ハヤ！　こんどはウサギがあおむけに倒れて死んだ。ホロホロチョウは、それをもって家へ帰った。ホロホロチョウの勝ち。これでおしまい。

☆モシ族のお話でも、他の多くのアフリカの民話と同様、ウサギの活躍するものが多い。知略縦横、ケッサクなどんでんがえしを演出してみせる。ウサギとコンビを組むドジな脇役はハイエナだ。欲深で、ウサギのまねをして失敗ばかりしている。ここでは、私が採録した約五百のモシ族の民話から、ウサギとハイエナを主人公にしたものをいくつか選んだ。ウサギだけが出るものも、ハイエナだけのものもある。ただし、ウサギだってやりそこなうこともある。最後のお話は、サバンナの道化師ホロホロチョウが、まんまとウサギのうらをかく話だ。

☆モン族（現在人口約二百万）はおそらく十五世紀くらいから、いくつかに分かれた王国をつくっていた。実生活では王さまに絶対服従なのだが、お話の中では、王さまはよくだまされたり、からかわれたりする。はじめの二つのお話はその例だが、「食べるものを出す鍋」も、ハイエナがまねて失敗するのでなく、王さまが評判をきいて食べものを出す鍋（他の話では石、斧もある）を召しあげて失敗したり、夜、王宮でネズミが別のものととりかえておいたために、王さまがひどいめにあう話もある。世界のほかの地域にも類話が求められそうな話だが、呪文のいいまちがえという点でみると、また別の筋のいくつかの話がモシ族にもある。

☆飢饉、空腹、ありあまる食物への願望等は、地球上で最も貧しい国の一つにランクされているこのサバンナの国の人たちの民話に頻繁にあらわれる背景だ。社会関係でいうと、「ハイエナの武勇伝」にみるような、娘婿が義父にいいところをみせようとして虚勢をはること、一夫多妻婚のみとめられているこの社会での、妻同士の反目や継子（死んだ他の妻の子）いじめ、けちんぼの失敗等は、お気に入りのテーマといえる。

☆　主な登場人物、動物には、語りの地でも、登場人物同士の呼びかけでも、「ンバ」つまり私のとうさんという意味の、尊敬と親しみをこめた語を名の前につける。これは話に出てくる動物を擬人化し、ときに滑稽味をもたせるはたらきをしている。あきらかに女性の場合も「ンパ」とつけるので、日本語で「とっつあん」とするわけにもいかず、「……さん」と訳した。

☆　動物がたたかって糞をたれるのは、完全にやっつけられたしるしとされている。ここでもハイエナが糞をたれる話が二つある。

☆　話の結びのことばは、何もつけないことが多いが、「ソレム・カオ・ラーガ」つまり、話が市《いち》をおひらきにした、お話おしまい、市もおしまいということばがつけられることも多い。話という架空の世界と、市という村人にとってのハレの機会を重ねあわせているようでおもしろい。話と日本で「とんと市が栄えた」などという結びの句を連想させられるが、これは「一期《いちご》栄えた」の転化だというから別に考えるべきなのだろう。

サバンナの夜のまどい

サバンナの夕日はほんとうに大きい。そして吸いこまれるように、地平線に入る。あとに残された空と草原の半球形の空間が、音もなく暗転する。ねぐらへ急ぐ鳥たち。おかみさんは娘に手伝わせて、夕食の仕度にかかる。かまどで燃えるモロコシ殻の柔らかい炎。おつゆに入れるスンバラ味噌やトウガラシを搗《つ》く、やさしい杵《きね》の音。いまは畑仕事もない乾季だ。男はムシロ編みや家の壁つくろいの仕事にきりをつける。ヤギやヒツジを小屋に追いこむのは、小さな男の子の役だ。

食事ができた。もうあたりはまっくらだ。コウモリが鳴いている。こねたてのサガボ〔穀粉を煉った主食〕の温かな匂い。電灯もランプもない暗闇の地べたに、男女別々に、サガボを盛った土器の丼をかこんで坐る。まわりじゅうから手がのびて、あつあつのサガボを指先でつまみ、ちぎって、別の鉢に入れたおつゆにつけて頬ばる。その早いこと。みるみる丼はからになる。小鉢のおつゆも、サガボで拭きとるようにきれいになくなる。

きまった食事としては一日一回の夕食がすむと、みんな満腹したとはいえないけれども、話がはずんでくる。ついさっきは食べることに夢中だった口が、今度は陽気に喋りだすのだ。食べるときは別だった男と女も、一緒になって喋る。そんなとき誰かが、「タオ・ソレムデ（お話しよう）」という。おや、誰だろう。男の子の声だ。私は暗がりの中で目をこらす。今夜は月がまだ出ていない。星あかりにすかしてみると、近所のカヤンピンダだ。七、八歳のひょうきんな男の子で、やせて目が大きい。いつも同じ、ズタズタに破れたシャツを着ている。よく、私の泊めてもらっているこの家に来て、夕食を食べている。「タオ、フォ・メンガ（おまえがお話しよ）」いつのまにか来ていた向いの家の娘ノウェレが、カヤンピンダにいい返す。この家のあるじも「シング・ヤ（やんなさい）」とうながす。私も尻馬にのって「カヤンピンダ、タオ」。

カヤンピンダは、すこし照れたように、両足を前にひろげて坐り、足の指先を両手でいじりながら、「ボンド（ええっと）！」と自分にはずみをつけるようにいってから、「ラオ・ン・ダー・ベ・ヤー、ン・タラ・パグバ・イーブ……（むかし男がいて、かみさんを二人もっていた……）」と、継子いじめの話をはじめる。まわりの者も相槌を打ったりしているが、何しろ話し方がたどたどしい。地べたにうつ伏せに寝そべってきいていた、この家のかみさんの一人ビラが、ときどき口をはさんで直したりする。年かさの男の子二人は、大声で別のことをしゃべっている。何だか気が乗らない。カヤンピンダは途中まで話したものの、あとがうまく続かなくなって、やめてしまう。

それじゃあ、というように、ノウェレが話しだす。十二歳の、いつも私を見るとおかしそうに、はずかしそうに笑う、おとなしい女の子だ。サバンナではおなじみの、ウサギさんが王さまを踊らせる話だ。おわると、向うの暗がりに横坐りに坐っていた近所のおかみさんバケバが、何の前触れもなしに、いかにもゆとりのある口調で話しだす。背中についで離れなくなった赤ん坊の歌物語だ。歌のくりかえしのところで、自分でもおかしくなって、笑ってしまう。

そういえば、何だか明るいと思ったら、満月を四、五日過ぎた、レモン形の月が、白く光って空に出ている。お話はちょっととだえて、子どもたちがひとしきり、ソレム・コエーセ（なぞなぞ）のやりとりをする。大人もときどきわりこむ。誰かが問いを出すと、それと同じ音調でおわる文句を、すばやく投げ返す、一種の語呂あわせの遊びだ。内容としては、むしろ問いに対してナンセンスな答がおもしろがられる。たいていみんな知っているのだが、それでも露骨に性器をからかったりする文句でどっと笑ったりする。多くの黒人アフリカの言語と同じく、モシ族のことばも音調言語、つまりことばの音の高低が、語の意味を表わし分ける。だからこういう音調あわせのことば遊びは、日常生活の中での言語教育でもあるわけだ。

ソレム・コエーセのやりとりで、すっかり座がにぎやかになったところへ、村の人気者アントワーヌがにやにやしながら入ってきた。みんなよろこんで口々に「アントワン！アントワン！（ヌと発音しない）」と呼んで、まどいに入れる。栄養状態が悪く、発育不全のまま成人してしまったとしか思えないこの二十一歳の青年は、一息いれると、独特のすこしわれた声で、「ダール・ア・イェンムレ、ン・バ・ソアンバ……（ある日ウサギは……）」と話しはじめる。いかにも人気者らしく、自信にみちた話し方だし、聞く方ももう、はじめから笑う用意をしている。

月はいつのまにか中天に輝いている。乾季の夜気がつめたい。みんな眠ることなど忘れてしまったのだろうか。

アフリカの夜の話 ②

キンデさんとヨーレさんとランデさん

むかし、キンデ〔膣《ちつ》〕さんとヨーレ〔男根〕さんとランデ〔睾丸《こうがん》〕さんは、別々の生きものだった。三人はいつもいっしょに、ラッカセイ畑を歩きまわって遊び、ラッカセイを掘って食べていた。ヨーレさんは、自分がラッカセイを掘ると、いつもキンデさんに分けてやっていた。けれども、ランデさんは、キンデさんに分けてやらなかった。

ある日、いつものように三人がラッカセイ畑で遊んでいると、突然大雨になった。キンデさんは自分のからだを開いて、いつもラッカセイを分けてくれるやさしいヨーレさんをすっぽりつつみこんでやった。ランデさんも入りたいといったが、キンデさんにいつもラッカセイをあげなかったので、入れてもらえなかった。

それからというもの、いまでも、ヨーレさんがキンデさんの中に入れてもらっているとき、ランデさんは外で待っているのだ。

ササゲを食われた男

客があっても、けっして食べものをすすめない男がいた。人が来たとき、かみさんが食べものをこしらえていると、すぐ鍋をおろさせた。

ある男が、このけち男の家へ行って食べてやろうと考えた。行くと、けち男のかみさんがうまそうなササゲ［サバンナの食生活でのごちそう］を煮ている。けち男はすぐ起きてきて、かみさんに、客がおもてにいるうちに鍋をおろせ、といった。これをきいていた客は、急に腹をおさえて苦しみだした。けち男が来て、どうしましたとたずねると、

「なに、ここへ来る途中、よそで食べたものがわるかった」

「いったい、何を食べたんです？」

「ササゲを御馳走《ごちそう》になったのです。どうもササゲはわたしの腹にあわぬとみえる。おお痛《いた》、

おお痛……」

　これを聞くとけち男は、かみさんのところへ行って、

「鍋をかけろ。あの男はササゲは食べない。二人でぜんぶ食べるんだ。ゆっくり、やわらかく煮《に》ろよ」

　ササゲが煮えると、男は客に、

「家内がとんでもないことをしました。ササゲを煮てしまったんです」

　客、

「なに、どうぞわたしにおかまいなく。私はそばで見ていますから」

　けち男は、かみさんにササゲの鍋をもってこさせると、鍋の上にかがみこんで、せっせとササゲを食べた。すると、寝ていた客は起きあがってにじりより、鍋に手を突っこんで、食べる、食べる、食べる……。

　けち男とかみさんは、

「ウォエエーイ！〔驚きの叫び〕……」

　けち男は、かみさんのポコに向かって、「ポコ、袋《ふくろ》をもってきてくれ。おまえが煮たのは、種にまくササゲだった。とっておかなくては……」

　かみさんは、すぐ袋をもってきて、夫婦して鍋のササゲを袋に入れはじめた。

客は、

「何ですって？　こんなおいしいササゲ、煮てからでもまいて芽が出るのなら、わたしももらっていって家でまきましょう」

こういって、自分の袋にのこりのササゲをぜんぶつめた。

ミースドゥのなる木

ある飢饉の年のこと、ウサギが荒れ野を歩いていると、大きな木に、焼き菓子ミースドゥがたくさんなっているのを見つけた。ウサギが木の下に立って、「ミースドゥ、二つ落ちろ」というと、ミースドゥが二個落ちてきた。ウサギはそれをもって家に帰り、おかみさんと分けて食べた。

あくる日も、ウサギはこの木の下に行った。「ミースドゥ、四つ落ちろ」というと、ミースドゥが四個落ちてきた。ウサギはそれをもって家へ帰り、おかみさんと分けて食べた。そしてのこった二つをかまど石の上にのせておいた。

ハイエナのおかみさんが火を借りに来て、かまど石の上のミースドゥを見つけ、どこで手に入れたのかとたずねた。ウサギのおかみさんがわけを話すと、ハイエナのおかみさ

働きもののウサギ

んは感心して家へ帰り、おまえもしっかりおし、とハイエナを叱りつけた。ハイエナは、さっそくウサギの家へやってきて、石の上のミースドゥを、石ごとのみこんでしまった。そしてウサギに、ミースドゥのなる木のある場所を教えてくれとたのんだ。ウサギは承知し、あくる朝早く、いっしょに出かけることにして、ハイエナはウサギの家に泊まった。

ハイエナは夜のあけるのが待ち遠しくて、まだ暗いうちに、

「ウサギさん、ウサギさん、もう夜があけた、出かけよう」

とウサギを起こした。ウサギは、

「まだニワトリが鳴かない」

といった。ハイエナは鶏《とり》小屋に行き、雄鶏《おんどり》を突いてときをつくらせた。ウサギは、

「でも、まだお婆さんが咳《せき》をしない」

といった。ハイエナは、お婆さんが寝ているところへ行って、トウガラシの粉をまいた。お婆さんは咳をした。ウサギは、

「でも、まだロバが啼《な》かない」

といった。ハイエナは、ロバの耳に藁《わら》を押しこんだので、ロバはヒーハン、ヒーハンと啼いた。ウサギは、

「でも、まだ東の空が赤くない」

といった。

ハイエナは、小屋の東のほうへ行って枯草《かれくさ》を燃やした。

ようやく夜があけた。連れだって目ざす大木のところへ来た。ハイエナはすっかりうれしくなって、

「ミースドゥ、百落ちろ!」とどなった。だが木はシーとしずまりかえっていて、ミースドゥは一個も落ちてこなかった。

あくる日、ハイエナは、今度はひとりでこっそり木のところに来て
「ミースドゥ、百落ちろ!」

とどなった。だが、木はシーとしずまりかえっていて、ミースドゥは一個も落ちてこなかった。ハイエナは自分でとってやろうと思って木に登った。ところがハイエナが木に登ると、木の上のミースドゥは、みな下に行ってしまう。ハイエナが下におりると、ミースドゥはみな、木の上に行った。

そこでハイエナは、自分の腸《はらわた》をぜんぶ抜きだして木の下におき、自分だけ木に登った。ミースドゥが下に行ったら、腸に食べさせようと思ったのだ。ハイエナが上まで登ったとき、一羽のタカが腸めがけて舞いおりてくるのが見えた。ハイエナはあわてて、

「おれの腸《はらわた》逃げろ!

「タカが来た！」

と叫んだが、間にあわない。タカは腸をさらって行ってしまった。ハイエナは近くの沼に行き、泥《どろ》をのんでからっぽになった腹をみたした。けれども飲んでも飲んでも、泥は尻の穴から流れでてしまう。見ると沼のほとりにクルカテンデの草が生えている。ハイエナはこの草をむしりとって尻の穴に詰めおいてから、泥を飲みこんでどうやら腹をみたし、家に帰った。

家で待っていた子どもたちは、父親のハイエナの尻の穴から、草が束になってつきだしているのを見て、「とうさん、尻の穴から出ているの、それなあに？」とはやしたてた。ハイエナは、

「年をとると、こういうものが生えるのだ」

といいきかせ、横になって寝てしまった。子どもたちがおもしろがって、寝ているハイエナの尻の草をひっぱると、草の束《たば》が抜け、腹の中の泥が流れ出たので、ハイエナはそれっきり死んでしまった。

あれを返してもらえなかったカエル

王さまがいてお気に入りのお妃《きさき》があった。

ある男が、このお妃と夜をすごそうとした。だれにもそんなことは許されないのだが、この男は何としてもやってみせるといった。

男はお妃の叔母さんのところへ行って、着物を借り、あれこれおつくりをした。そして、王宮に行って、姪《めい》に会いに来ました、といった。王さまはご満悦。当のお妃も出てきて、これがわたくしの叔母です、かねがね王さまにもお話申しておりましたが、きょうこうやって来てくれました、といった。

みんな喜んで、牡《お》ヒツジを殺して、叔母をもてなした。

男はお妃の小屋に居つづけで、叔母のふりをして、お妃とむつみあった。

王さまはほんとうに叔母だと思ったが、王宮のほかの人たちはいろいろと言った。王さまはそれは間違いだと言ったが、とうとう、一つの儀式をやることになった。あの叔母さんに王さまたちの前で杵《きね》を搗《つ》かせて、最後に叔母さんが腰布を外すのだ。王さまはそのことをお妃に伝えた。お妃は、

「ヘエ！　たいへんなことになった！」

男は夜中に起きだして、泣きながら沼のほとりに行き、坐りこんで泣いていた。するとカエルが出てきて、何だってそんなに泣いているんだね、とたずねた。男は、

「恥《は》ずかしくって、とてもこの口では話せない。それでここへ来て泣いてるんだ……」

それから男は言った。

「恥さらしな目にあったんだ。おれに好きな娘がいて、娘の親のところへ行ってしのびあっていた。ところが王さまがその娘をとって、おれにはもう手を触れさせないというんだ。おれは計略を考えて、あいつの叔母さんに化けて王宮にしのびこみ、あいつに会っておれのものにした。ところがあした、おれは王さまの前で腰布をとらなきゃならない。おれはこれからどうしたらいいんだ……」

カエルは、

「何だ、それだけのことか。そんならわたしのあれを貸してあげよう。いまわたしのおな

モシの娘

かは大きいのでいらないから。それをつけてあした王さまの前に出なさい。その代りかならず返しておくれ。神さまがおまえをお守りくださるように！」

そしてカエルは自分のあれをとって、男にくれた。男はそれをつけて王さまの前で腰布を外した——女だ！」

王さまは、見ろ、みんな妃の叔母ではないと言っていたが、このとおりだ、と言った。ソンパヤーデ〔妃の名〕も、「みんなわたしの叔母でないと言っていたし、王さまもお分かりにならなかったのです」

と言った。王さまは、

「ウォオ！　もうだれも、これが女でないとは言えないぞ」

さて、カエルのおなかはどんどんふくらんでいった。カエルは待っていたが、あれは戻ってこない。そこでとうとう自分でとり戻しに行くことにした。さもなければ、どうやって産んだらいい？

カエルは、ロ・ア、ロ・ア、ロ・アとはねて王宮へやってきた。まず王さまの最年長の妃のザカ〔既婚女性のめいめいの寝所、台所、物置などを区切った家囲い〕の前へ行って、歌った。

〽お妃ソンパヤーデのザカはどこ？

ザカはどこ？　ザカはどこ？　ザカはどこ？
わたしのあれをあげたけど
わたしはお産が近づいた
大声あげずにゃいられない
ワーイ！　ワーイ！　ワーイ！〔苦痛の叫び〕

すると、その妃のザカはもっと向うだと言われた。カエルは教えられた場所へ行って、また歌った。

〽お妃ソンパャーデのザカはどこ？〔以下前と同じ〕

いや、あっちだ。そこで向きを変えて別のザカへ行って、歌った。

〽お妃ソンパャーデのザカはどこ？〔以下前と同じ〕

こんなふうにしてカエルはつづけた。

とうとう、ソンパヤーデのザカの前にたどりついた。

〽お妃ソンパヤーデのザカはどこ？〔以下前と同じ〕

ソンパヤーデはカエルをつまむと、ザカの裏にほうり投げた……フィウウ！　死にかけているとき、子どもが見つけてカエルのわき腹を突き刺した……。

「人間は恩《おん》知らずだ

人間は良いものじゃない」

ソレム・カオ・ラーガ。お話おしまい、市《いち》もおしまい。

白い卵と黒い卵

男がいて妻を二人もっていた。妻二人はたがいに仲が悪かった。めいめい一人の娘がいたが、妻の一人は死に、その娘はみなしごになった。まま母はみなしごに、汚れたヒョウタンの鉢《はち》を遠くの沼までもっていって洗ってこいといった。娘は出かけた。歩いていくと、荒れ野でサガボ〔穀粉を煉った主食〕と野ブドウがキグバ〔女の踊りの一種〕を踊っていた。サガボはみなしごを見て、

「娘さん、こっちへ来てわたしをおあがんなさい」といったが、娘は断わって食べずに道をつづけた。しばらく行くと、米と肉がキグバを踊っていた。

「娘さん、こっちへ来ておあがんなさい」

といったが、娘は断わって食べずに道をつづけた。

沼にたどりついて鉢を洗っていると、岸に目玉が二つ置いてあるのを見つけた。雨がふりそうだったので、近くにあった小屋に目玉を入れた。しばらくすると、

「ムニィニィ、ムニィニィ、わしの目玉が逃げてった」

と歌う声がきこえて老婆が一人、目を探しに来た。

「だれがわしの目を小屋に入れたのかい」

と老婆はたずねた。みなしごは、

「あたしです」

と答えた。老婆は娘に、

「おまえはハエのおつゆとバオバブのおつゆと、どっちをおあがりだね」

とたずねた。娘は、

「ハエのおつゆ」

と答えた。

ハエのおつゆにサガボをつけて食べてしまうと、老婆は、穀物倉の中に白い卵と黒い卵が三つずつあるから、好きなほうをおとり、といった。娘は黒い卵を三つとった。老婆は、帰り道でこの卵を順々に投げるがいい、といって、順番のしるしをつけてくれた。

どんどん歩いていって一番目の卵を投げると、ヒツジやロバやウマがたくさん出てきた。

動物たちはみな娘についてきた。二番目の卵を投げると、娘とたくましい戦士が出て、みなしごについてきた。どんどん歩いていって三つ目の卵を投げると、ライオンが出てきてみなしごにとびかかったが、戦士がライオンを殺した。こうしてみなしごは財産とおつきの者を手に入れて帰ってきた。

まま母はねたんで、ヒョウタンの鉢をわざとこわし、こんどは自分の娘に、これを遠くの沼にもっていってぬいあわせておいでといった。

娘が荒れ野を歩いていくと、サガボと野ブドウがキグバを踊っていた。サガボが娘に、

「こっちへ来て、あたしをおあがんなさい」

といったので、娘は食べた。どんどん歩いていくと、米と肉がキグバを踊っていた。

「こっちへ来て、わたしをおあがんなさい」

といったので、娘は食べた。

沼のほとりでこわれた鉢をつくろっていると、岸に目玉が二つあるのが見えた。雨がふりそうだったので、娘は近くにあった小屋に目玉を入れた。しばらくすると、「ムニィニィ、ムニィニィ」とうたう声がきこえて、老婆が一人、目を探しに来た。

老婆は娘に、おまえはハエのおつゆとヴォアーカ〔野生樹の一種、花萼《かがく》がおつゆの実として珍重される〕のおつゆとどっちをおあがりかい、とたずねた。娘はヴォアーカのおつゆ

と答えた。

ヴァアーカのおつゆにサガボをつけて食べてしまうと、老婆は、穀物倉に白い卵と黒い卵が三つずつある、どっちが欲しいかときいた。娘は、「黒い卵なんか欲しいもんですか」といって白い卵をもらった。老婆は、帰り道でこの卵を順々に投げるがいいといって、順番のしるしをつけてくれた。どんどん歩いていって、一番目の卵を投げると、ウシやヒツジやロバが出た。次に卵を投げるとき、娘は三番目の卵を投げた。するとライオンが出てきて、家畜をぜんぶ食べ、娘も食べ、骨だけのこした。トビが骨をくわえて娘の母親の家へ飛んでゆき、

〽娘が帰ってくる
おまえの娘が帰ってくる
家をきれいにして待っていろ
家をきれいにして待っていろ

と歌った。

母親は娘がいろいろな宝をもって帰ってくると思い、よろこんで掃除をしていると、空から娘の骨がふってきた。

ソレム・カオ・ラーガ。お話おしまい、市《いち》もおしまい。

☆「ササゲを食われた男」ケチを笑うこの手の話もよく語られる。独占欲がつよい人間は、お話の中で槍玉にあげられるが、性関係でも、姦通が罪とされている一方で、度の過ぎた独占欲からする村人への警戒は、やはり嘲笑される。その裏をかいて、まんまとケチ男の妻と性交する笑話も好んで語られる。

☆「あれを……」前節掲載の「《シー、ハー》ウサギ」「ウサギに負けた王さま」と同様、数百年来大小さまざまの王さまをいただいてきたモシ族お気に入りの、王さまを出し抜く話。ここでも独占欲のつよさが揶揄される一方、知恵の効用が語られ、「あれを……」では、やはりモシ族のお話に多い「忘恩譚」の系列の要素が入ってくる。カエルは人間と密接な関係にあり、しかも、とぶ、大声で鳴く、沼に棲息するなどの性質のためか、鳥（とぶ、鳴く、空に棲む）と同様、うたによるメッセージの伝達者としての役割をしばしば負わされる。

☆「白い卵と……」ままこ話の一例。一夫多妻婚が普通のモシ社会では「ままこ」といっても、実母が死んだ娘の、父の他の妻との関係でのままこで、モシ語ではキーバ（親なし子）として孤児一般と同じことばで表現される。キーバには、常にウェンデ（万物の根源の力）の加護がある。キーバ一般のテーマは、モシ族の口頭伝承の中で大きなひろがりをもつ。

☆ ここでは割愛したが、他に「相手の名をあてて結婚する話」「変身譚（異類婚）」「巨人（小人）譚」等で、よく話されているものもモシ族にある。

話すたのしみ、きくたのしみ

　サバンナの夜のまどいで、人気者が話しはじめると、みんなもう、聞く前から楽しむ用意をしている。話す方も、自信をもって話す。だから、ひとこと、ひとことが生気を帯びて、相槌やら、笑いやら、合の手のことばやら、にぎやかにきき手の反応をよびおこす。

　電灯もテレビも週刊誌もないサバンナの夜には、こうして話し、聞くことの楽しみが、現実のものとして生きている。文字や電気が普及し、学者が昔話を「伝承」していそうな故老をたずねあてて、ようやく二つか三つの昔話をひき出すといった社会ではもう感じとれなくなった、「座」の言技《ことわざ》としてのお話の姿が、そこにはある。「座」の中で、聞き手は同時に次の話し手でもある。聞く楽しみにもまして、話す楽しみが大きいだろうことは、老若男女、とくに元気のいい子どもが、先を争うように話すことからもうかがえる。いきおいこんで話しだしたものの、わからなくなって中断したり、つっかえたり、まちがえたりして、「座」の人たちに助け舟を出してもらって、どうやら話しおえる子もいる。途中から別の子が話をひきとって話したり、まずい話し方を黙ってきいていられない別のきき手が、ほとんど並行して話すこともある。全部きちんと話せる自信がなくても、だいたいの筋や、鍵になる文句を知っていれば、とにかくみんなの前で話しだすのは、「座」の人たちが何とかつづけさせてくれるという前提があるからだ。

だからこういう「座」の中では、話は決して自足自立したモノローグではない。お話というのは、きき手も含めた「座」の中に、声にも、きまった形にもならないままにすでにあって、話し手はそれを声に出してあらわにする役をしていると言ってもいいかもしれない。

「座」の中で声になったお話を、録音をもとに（夜のまどいの生きた音の世界を、雑談も含めてそっくり録音できるのは、私がその人たちといっしょに十分長く暮らして、みんなが私の存在をあまり意識せずに好き勝手におしゃべりしてくれるからだ。ただし私は、それが私がいないときありえたはずのものと、同じだというつもりは毛頭ない）文字に書く作業をしてみると、話のこういう性格を否応なしに思い知らされる。話し手の、いわゆるお話のことばだけをつなぎあわせて文字にしてみても、ほとんど意味が通じない、というより、まずそういうことが不可能にちかいのだ。いい直したり、前後を逆にしたり、抜かしたり、まちがえたりはしょっちゅうだし、よほどの支障がなければ、話はにぎやかな合の手とからみあって、そのままつづいてゆく。何しろきく方も、きちんとした形での「口頭伝承」の発表を期待しているわけではなく、おしゃべりをたのしんでいるのだから、そのとき自分がおもしろく聞くのをさまたげるようなまちがいや言い落としがあって、思わず口をはさみたくなるとき以外は、黙って、あるいは上手な合の手でおぎなって、話を進行させる。「座」の中で話されているときはあんなにおもしろくて、みんな息をつまらせるほど笑っていたのに、あとで録音をきいて書いて整理してみると、お話としては実に他愛ないものも多い。生まれて次の瞬間にもう消えている声が、「座」の雰囲気に養われ、雰囲気を養いもしながら話したものを、文字に固定し、しかもまるで異なる文化のことばに翻訳して書くことの淋しさ——文字に書くというのは、ことばから「声」を、「いき」を消し去って、その代償としてことばを空間の中に固定し、時間の中に持続させることであろうが、お話の世界のように、声が、それも「座」の複数の声といきが生命となっているものについては、その淋しさ——むしろ絶望感——はひとしおだ。

日常のことばでの話し方でなく、ことばが韻律をおびたある型をもってくると、語りは自立性を増し、聞き手の相槌は不要になり、モノローグに近づいてくる。「仔馬さん……」

などはリズミカルな調子で語られる、というより唱えられるモノローグだし、サバンナのお話の中で登場人物がよく歌ううたも、一人称のモノローグ（ないしは二人の人物がモノローグを交わすダイアローグ）だ。西洋音楽のレチタティーヴォに対するアリアのように、サバンナのお話でも、うたの部分では話の進行は一時とまり、登場人物が自分の感情を吐露し、訴える。文字に書かれたものでも、散文より詩歌の方が古く成立したように、音としてのことばの世界でも、「うた」は「かたり」に先行したのではないだろうか。サバンナのお話でも、うたの部分がいわば核になって、それを日常のことばの語りが補うようにして、形をなしているものは多い。

音としてのことばの韻律やうたとなると、文字、それも翻訳の文字は、ますます無力だ。文字を文化の優越のしるしと思い、「読み書き」がことばを学ぶことと同義だった社会では、ことばの分節特徴と明示的意味を重んじる反面、ことばの音としての側面はないがしろにされてきた。文字を用いなかった社会では、音としてのことばがことばのすべてだ。いや、太鼓ことばや笛ことばのように、文字とは逆に、ことばから分節特徴を消して、音の高低、リズムなどのことばの韻律特徴だけでことばを伝える方法さえ発達させてきた。今回紹介できなかった「食べものを見つけたら、あんまり有頂天になるな」も、サバンナの夜のまどいで最も好んで話されるものの一つだが、太鼓の音で伝えることばのメッセージがお話の鍵になっている。お話の中のうたが、その節まわし――つまり文字には書き表わせない側面――で表現しているものも重要だ。「背中から離れない赤ん坊」のうたのところに、私はやむをえず〔いかにも人をバカにしたような調子で〕と注を入れたが、これなど音があってはじめてわかるお話のおもしろさだ（今回割愛）。人間を助けるために貸した自分の性器を返してくれと訴えるカエルのうたの、内容の悲痛感とはうらはらの間の抜けた滑稽感（だから、いっそう哀れを誘うのだが）と、あちこちと訪ねて同じ訴えのうたを空しくくりかえす効果も、音としての省略なしの語りだけが、伝えうるものだろう。

サバンナの人たちの、ことばの韻律特徴に対する感受性のゆたかさは、夜のまどいでやりとりされる音調あわせのなぞなぞによくあらわれている。これは問いかけの句の、おわりの数音節の音の高低が同じ、しかし内容は別でむしろトンチンカンな句で答える「音のことばあそび」で、年のゆかない子もまじって楽しんでいる。黒人アフリカの大部分の言語は音調言語で、つまり語の中での音の高低が、語の意味をあらわす上で重要な言語だ。だから子どものときから、みんなことばの音の高低に敏感にならざるをえないし、こういうことば遊びは、大切な言語教育でもあるわけだ。

音調あわせのなぞなぞのほか、日本にもあるような、意味内容で問いに答えるなぞなぞもある。「あたいが病気でもおまえは見舞いに来ない。おまえが病気だとあたいは見舞いに行く。なーんだ?」「手と足」のように。

こういうことばのやりとりの遊び、日本語でいうなぞなぞは、モシ族のことばで「ソレム・コエガ」〔複数形「ソレム・コエーセ」〕、日本語でいうお話、昔話は「ソレム・ウォコ」〔複数形「ソレム・ウォグド」〕という。両方ひっくるめたものが「ソレムデ」で、「コエガ」はそのうちの短いもの、「ウォコ」は長いものという意味だ。つまり、私たちが「なぞなぞ」と「お話」として分けているものが、モシ族の人たちにとっては「座」の言技として、同じ範疇に入れられているわけだ。「ソレムデ」ということばの語源はわからないが、「何か隠されたもの」というような語感があるらしい。なぞなぞはもちろんだが、お話もそこに隠されている意味や教訓を聞きとるからかもしれない。

サバンナの夜のまどいは、昼の世界での男と女、大人と子どもの区別がなくなる場でもある。ちょうど、そこでは人間と動植物の区別が、昔のことといまのことの区別が消えてしまうように。幼い子も目上の人やふだんはこわい父親に何の気がねもなく、女も夫や長老に遠慮せずに、活発に話す、ことばの技の巧みだけがそこで通用するただ一つの価値だ。話の中でも、けちんぼ、欲張り、威張った者、つよがりをいう見栄坊など、日常のあらゆる「こわばったもの」が徹底的に揶揄され、解きほぐされる。

嘘はそれ自体悪徳ではなく、知恵を上手にはたらかせることの讃美はいたるところにみられる。お話の中でこんなに王さまをからかっている人たちが、よく何百年も王さまのいる社会を形作ってきたものだと感心させられる。日本の「花咲爺」や「一寸法師」のように、殿さまやえらい人のおかげで楽をしたり出世する話は、モシ族にはない。そこはまた、セックスについてもあけひろげの世界だ。性交などということについて、知識も実感もあるはずのない幼い子までが、楽しそうに「キンデさんヨーレさん……」などの話を、かわるがわるやる。それを大人もげらげら笑って聞いてやる。擬音・擬態語入りの性交の描写を子どももする。

なぞなぞ、お話、しりとり、早口ことば……こうした夜のおしゃべりの全体は「ソアスガ」と呼ばれる。夜のまどいにあとから来て加わる人は、「ネ・イ・ソアスガ（あなたがたのソアスガとごいっしょに）」と声をかけて仲間に入る。ほかの人たちの夜のまどいの楽しみをほめ、共感を表わす挨拶だ。あとから入ってきた人も加えて、ときには三十人くらいにもなって「ソアスガ」はいつ果てるともなくつづく。

おそく昇った半かけの月が中天をすぎたころには、サバンナの乾いた夜気は冷えきって寒いくらいだ。元気に話していた子どもたちも、地べたにそのままつっぷして、あるいはござや布にくるまって、いつのまにか眠っている。話の合の手に、あくびの声がまじる。

歌入りのお話の上手なラムーサおっかさんが、自分もあくびをして立ち上がったのをきっかけに、ほかの人たちものびをして立ちあがり、挨拶をかわして帰っていく。地べたに眠っている子を何度も呼んで、おこして、抱えるように連れていくおかみさんもいる。お話おしまい、市もおしまい、今夜のソアスガもおしまい。

ハイエナのおかみさんが死んだ

ハイエナのおかみさんが死んだ。

生きかえらないものかと、占師に相談に行くと、占師は、ハイエナが口をきかずにいれば生きかえる、口をきけば死んだままだと、いった。

ハイエナは、うちに帰って、口をきかずにいた。ウサギが、ハイエナに口をきかせてみせる、といった。みんな、そんなことできるもんか、といった。

うさぎは、機織《はたお》りの道具をもってきて、ハイエナのそばで、ヒョン、ヒョン、と調子よく織りながら、歌った。

〽おいらの村ぁ、いい村だ
おいらの村ぁ、いい村だ
ヤギが死んだぞ、投げるや、トェン
イヌも死んだぞ、すておけ、トンサ
メンドリ死んだぞ、うっちゃれ、ザイ

ハイエナは、目をつぶって黙ってきいていたが、

ウサギが

〽ウシも死んだぞ、重いぞ、ヴンプ！

と歌うのをきくと、思わず目をあけて
「あああ？　すりゃ、どこだい？」
と言ってしまった。
ハイエナのおかみさんは、とうとう生きかえらなかった。

おいしかったおつゆ

ワニには七匹子どもがいた。

畑がいそがしかったので、ウサギに子守りをたのんだ。

ワニが畑にいっているあいだ、ウサギはモロコシの粉をこねてサガボをつくり、サガボにつけるおつゆも煮た。

夕方、ワニが帰ってきた。サガボにおつゆをつけて、ひとくち食べるなり、

「なんてマア、まずいおつゆだい！」

と言った。

あくる日、ワニが畑に出かけると、ウサギは、ワニの子を一匹、臼《うす》に入れて、ト、ト、トと搗《つ》いて、おつゆに入れた。

夕方ワニが帰ってきた。サガボにおつゆをつけて、ひとくち食べるなり、

「なんてマア、おいしいおつゆだい！」

といった。

「何を入れれば、こんなおいしいおつゆができるのかい？」

ウサギは、

「ナニ、工夫《くふう》ひとつで……」

と答えた。

サガボを食べおわると、ワニは、沼に子どもたちを連れていって、からだを洗ってやる。この日は、ウサギもついていった。そして、水の中にいるワニに、子どもを一匹ずつわたした。

「次の子」

というと、ウサギは、六匹目の子を、もう一度泥の中にころがして、ワニにわたした。ワニは、もう一度洗った。

あくる日、ウサギはもう一度、ワニの子を臼に入れて、ト、ト、ト、と搗いて、おつゆに入れた。

ワニは、

サガボを食べるワニ

「うまい、うまい」

といって食べた。

食べおわると、ワニは、子どもたちを沼に連れていって洗った。ウサギは、五匹目の子を、二度泥の中にころがして、ワニにわたした。

あくる日も、ウサギは、もう一匹、ワニの子を臼に入れて、ト、ト、ト、と搗いておつゆに入れた。

ワニは、

「うまい、うまい」

といって食べた。

食べおわると、ワニは、子どもたちを沼に連れていって洗った。ウサギは、四匹目の子を、三回泥の中にころがして、ワニにわたした。

こうやって、一日、一日とすぎた。

六日目には、ウサギは、一匹の子を六回、泥の中にころがして、ワニにわたした。

七日目には、とうとう洗う子がなくなった。

ワニがたずねた。

「子どもたちはどうしたい？」

ウサギが答えた。

「おまえが毎日、うまい、うまいといって食べたろう、あのおつゆの実が、おまえの子どもたちさ」

ワニは怒って、

「外へいって、ドアーガの枝を切ってこい。それでお前をたたいて、殺してやる」

といった。

ウサギは外に出るなり、大声で、

「ワニさん、丼《どんぶり》もって、早く、早く。王さまのところで、モロコシの分配ですよ！」と叫んだ。

ワニは、うちにあった一番大きい丼をかかえて出ていった。

そのすきに、ウサギは中へ入り、残っていたサガボにおつゆをつけて、ぜんぶ平らげた。

それから、とんではねて家に帰りながらいった。

「あかんべえ。おれがおまえの子分なもんか！」

目を返してもらえなかったキンキルガ

七人の娘が、ササゲを摘みに行った。

娘の一人は、目が見えなかった。その娘は、ドアーガの木の下に、一人ですわっていた。

娘たちがササゲを摘んでいると、荒れ野《ウエオゴ》の精キンキルシの子（単数はキンキルガ）がやって来た。そして、木の下に坐っている娘を見て、たずねた。

「ナギンガ、ナギンガ、おしゃれな娘《こ》、
何だってこんなところに、
坐っているの、ひとりぼっちで」

「あたいはみんなと一緒に来たの
みんなササゲを摘んでるの

でもあたいには目がないの
だからササゲを摘みおわると
みんな迎えに来てくれるのよ
それから一緒に帰るのよ」
これを聞いたキンキルシの子は、自分の目をとって、ナギンガにやった。
「ホラ行きな、ササゲを摘みな
　でも忘れずに
日暮れ前に、返してナ」
こんなふうにして、過ぎた、毎日、毎日、毎日。
ある日、娘たちは、目の見えない娘の母親に、このことを話した。母親は、こんど目をもらったら、キンキルシの子に返すんじゃない、と言った。
娘たちは、またササゲを摘みに、畑へ行った。キンキルシの子が、やって来た。
「ナギンガ、ナギンガ、見栄坊な娘《みえぼうこ》
こんなところに、どうしたの
ひとりぼっちで」
「どうもしない。でも

あたいには目がないの
それであたいをここに置き
みんなササゲを摘んでるの
摘んでから、みんな一緒に帰るのよ」
「そんなら、おらの目をやろう
それでササゲを、積んできな
でも忘れずに、
日暮れ前に、返してナ」

娘は目をもらって、ササゲを摘みに行った。そして、みんなしてこっそり、キンキルシの子を置いて逃げた。

誰も戻って来ないので、キンキルシの子は、ニャベ、ニャベ、ニャベ、泣いた、泣いた、泣いた。

あくる朝、娘たちがササゲを摘みにやって来ると、キンキルシの子は、声をたよりに娘たちを追いまわし、娘たちはこわがって、バオバブの木の上にのぼった。

娘の一人がおそるおそる木の上から、キンキルシの子の方へ身をのりだして、歌った。

〽通しておくれ、キンキルシ

あたいはナギンガじゃないんだもの
赤いきれいな玉の輪を
ナギンガは首にかけてるのよ
きれいな首輪を、いくつもいくつも
ナギンガは首にかけてるの
だから通しておくれよ、キンキルシ
だってあたいはナギンガじゃないもの
ナギンガは髪を編んでるの
ほら、触ってごらん
あたいはナギンガじゃないでしょう?

そこでキンキルシはわきへどき、歌った娘は木をおりた。キンキルシは、娘の髪にさわってみたが、娘は髪を編んでない。首にもさわってみたけれど、首にも何もかけてない。

これを見て、木の上にいた六人は、いそいでナギンガの髪を解《か》き、首輪も、腕輪もはずした。

娘の一人が木の上から、キンキルシの方へ身をのりだして、歌った。

〽通しておくれ、キンキルシ
あたいはナギンガじゃないんだもの
赤いきれいな玉の輪を
ナギンガは首にかけてるの
だから通しておくれよ、キンキルシ
だって、あたいはナギンガじゃないもの
ナギンガは髪を編んでるの
ほら、触ってごらん
あたいは、ナギンガじゃないでしょう？

そこでキンキルシはわきへどき、歌った娘にさわってみて、それから通してやった。

次の娘が歌った。次の娘も木からおり、キンキルシはさわってみて、それから通してやった。

こうして木の上には、あと二人だけになった。その一人がキンキルシの方に、身をのりだして歌った。歌った娘がおりて来ると、キンキルシはさわってみて、それから通してやった。

最後にのこったナギンガが、木の上からキンキルシの方に、身をのりだして歌った。

木の上のナギンガ

〽通しておくれ、キンキルシ、
あたいはナギンガじゃないんだもの
赤いきれいな玉の輪を
ナギンガは首にかけてるのよ
きれいな首輪を、いくつもいくつも
ナギンガは首にかけてるの
だから通しておくれよ、キンキルシ
だって、あたい、ナギンガじゃないのよ
ナギンガは髪を編んでるの
ほら、さわってごらん
あたいはナギンガじゃないでしょう?
キンキルシの子は木からおりたナギンガの頭と首にさわってみて、それからナギンガを通してやった。
少し離れて、六人の娘が待っていて、早く、早く、ナギンガ、お逃げ。ナギンガは一目散に、走ってうちへ帰った。
だまされたことを知ったキンキルシは、ニャベ、ニャベ、ニャベ、泣いた、泣いた、泣いた。
そのすきに、ほかの六人の娘たちは、キンキルシの子に石を投げ、キンキルシの子の頭には、穴があいた。
うちへ帰ったナギンガは、トウガラシと塩（どちらもキンキルシにとって毒物）を臼《うす》で搗《つ》き、灰と油で練ってから、キンキルシのところへ戻ってきた。
「いい子、いい子、なぜ泣いてるの、こんなところに、ひとりぼっちで」
キンキルシは答えた。
「娘たちが、ササゲを摘みにやってきた
その中に、目のない娘が一人いた
その子におらは目をやった
日暮れ前には返してくれた
だけどきのうはちがってた
その子は目を取ったきり
とうとう返してくれなかった」
ナギンガは、持ってきたトウガラシと塩の練ったのを、キンキルシの頭の穴になすりつけ、弱ったキンキルシの子を、ほかの娘たちと一緒になって、ハヤ、打った、打った、打った。

キンキルシの子は、とうとう、死んでしまった。

ふんどしが外れても、笑うなよ

ある時、ウサギは、どこかよその土地へ行こうと思い立った。

ゴーレン、ゴーレン、跳《は》ねていくと、夜になって、とある小屋の前に、男の子がすわっているのが見えた。

ウサギが、今晩泊《と》めてくれないか、と頼むと、男の子は、「それはかまわないが」と言ってから、こんなことを言った。

「おとうは、たきぎを取りに行った。

もうじき、帰ってくる。

ふんどしが外れていても、笑うなよ。

おかあも、たきぎを取りに行った。

もうじき、帰ってくる。
ふんどしが外れても、笑うなよ」
まもなく、おとうが帰ってきて、頭にのせていた大きなたきぎの束《たば》を
トンサ
と投げ出した。すると、ふんどしが外れた。けれども、ウサギは笑わずにいた。
しばらくして、おかあも帰ってきた。頭にのせていた大きなたきぎの束を
トンサ
と投げ出すと、はずみでふんどしが外れた。やっぱりウサギは笑わずにいた。
たきぎをおろしてしまうと、おとうとおかあは、ウサギにいった。
「かまどのところに行ってごらん。棒が二本ある。それを、そばのバオバブの木に投げて、実を落としておあがり」
ウサギが棒を一本投げると、バオバブの木の上から、きれいな娘が一人落ちてきた。もう一本投げると、もう一人、きれいな娘が落ちてきた。
こうしてウサギは、一度に二人、きれいな嫁さんを手に入れて、よろこんで家に帰った。
ハイエナは話をきいて、ウサギに教わった方角へ、カットレ、カットレ、歩いていった。
日が暮れると、男の子が一人、小屋の前にすわっているのが見えた。

ふんどしが外れても……

ハイエナが、今晩泊めてくれないか、とたのむと、男の子は、「それはかまわないが」

と言ってから、こんなことを言った。

「おとうは、たきぎを取りに行った。

もうじき、帰ってくる。

ふんどしが外れても、笑うなよ。

おかあも、たきぎをとりに行った。

もうじき、帰ってくる。

ふんどしが外れても、笑うなよ」

まもなく、おとうが帰ってきて、頭にのせていた大きなたきぎの束を
　　トンサ
と投げだした。すると、ふんどしが外れた。ハイエナは、ラー、ラー、ラー、と笑った。

しばらくして、おかあも帰ってきた。頭にのせていた大きなたきぎの束を
　　トンサ
と投げだすと、はずみでふんどしが外れた。ハイエナは、ラー、ラー、ラーと笑った。

たきぎをおろしてしまうと、おとうとおかあはハイエナに言った。

「かまどのところにいってごらん。棒が二本ある。それを、そばのバオバブの木に投げて、

実を落としておあがり」

ハイエナは、棒をつかんで二本一緒にバオバブの枝めがけて投げつけた。すると、七人の小人《こびと》が木から落ちてきて、手に持った棒で、ハイエナをさんざん打ちのめした。

蜜の手をなめるな

あるとき、ウサギが荒れ野を歩いていくと、荒れ野の精キンキルシが大勢して、ハチミツで家をこしらえていた。ウサギが手伝おうというと、キンキルシたちは、たいそうよろこんだ。

壁を塗りながらウサギは、つい、指をなめた。すると壁がくずれた。

キンキルシたちは口々に、仕事中は手をなめないでもらいたい、壁がくずれるからと言った。そこでまた、やりなおした。

こんどは、ウサギは、指をなめなかった。日暮れ前に、家が出来上がった。

キンキルシたちはウサギに、ヒョウタンを一つくれた。

ウサギが、うちへ帰ってヒョウタンをあけてみると、ハチミツがいっぱい詰まっていた。

ウサギはハチミツを食べ、となりのハイエナに分けてやった。

「あああ、こらぁ、うまいミツだ。どこで採ったんかね？」

あくる日、ハイエナが、ウサギに教わった通りに荒れ野を歩いていくと、キンキルシが大勢して、ハチミツで家をこしらえていた。ハイエナが手伝おうと言うと、キンキルシたちはたいそう喜んだ。

壁を塗りながらハイエナは、手のひらをべろべろなめた。すると壁がくずれた。キンキルシたちは口々に、仕事中は手をなめないでもらいたい、壁がくずれるから、と言った。

そこでまた、やりなおした。

けれども、ハイエナは、何度も手のひらをなめた。そのたびに壁がくずれた。

こうして、日が暮れても、家は出来上らなかった。

キンキルシたちはハイエナに、ヒョウタンを一つくれた。

ハイエナはいそいそと家へ帰り、待っていた子どもたちを小屋から追い出して戸を閉め、さてヒョウタンの口を開けると。蜂がたくさん飛びだして、ところかまわずハイエナを刺した。


ソレム・カオ・ラーガ。お話おしまい、市《いち》もおしまい。

付論

思うこと

「付論」では、筆者が特に注目する現役の落語家春風亭小朝と、個人的に関わりあうことの深かった柳家小満んについて、落語の本質に関わると筆者が思う事柄について述べる。

小朝の噺を録音で初めて聴いたのは、国立劇場資料室で、一九八〇年五月、三十六人抜きで真打《しんうち》に昇進した直後の頃の、古典落語の録音だった。彼が傾倒していた八代目桂文樂の『厩火事』を、私の意見では文樂を超える「深さ」で演じていたのに、感銘を受けた。そのことは、拙著『口頭伝承論』（平凡社ライブラリー（上）三九八頁以下）にも、九代目古今亭志ん生と文樂の『厩火事』を比較したくだりで詳しく述べたが、重要な点なので、再録する。

小朝の『厩火事』は、文樂が彫琢した型を敢えて忠実に継承しながら、独自の創意を加えて、文樂型に挑戦している。一席の滑稽噺として磨き抜かれた文樂型を突き破る物語《レシ》としての造形の工夫が、とくにおさきが相談に行った旦那と別れるあたり以後に顕著だ。おさきの亭主八五郎の心を試すために、八五郎が大切にしている茶碗を壊してみろと旦那に言われ、納得はしたものの、「あたし、旦那んとこ伺わなきゃよかったですよ」としんみり言い、礼を言って旦那のところを出たあと、間を置いて、放心したように「やんなっちゃったねェ」と呟き、また間を置いて、自分のうちの戸口に立った心持ちで「ン」とかるく咳払いをしてから、「ただいま。ただ……(間)ただいま。お前さん怒ってる?」とためらいがちに、八五郎に話しかけるのである。

『厩火事』を、明治以後滑稽噺として演じて来た初代三遊亭遊三の型でも、仲人から聞かされた孔子の話などを受け売りで賑やかに聞かせるのだが、これを彫琢した文樂も志ん生も、小朝のように、おさきのためらいを前面に出してはいない。

小朝型の他の特徴は、八五郎という人物の造形にも力が注がれ、物語の展開に、八五郎の視点が加わっていることである。文樂型では、おさきは造形されたが、八五郎は最後に登場するまでは、おさきと仲人の旦那によって間接に描かれるだけの存在で、最後の部分でも独自のキャラクターとしての自己主張のない、あくまでおさき中心の筋の展開を助ける添え物に見える。

小朝型では、はじめのおさきの旦那への訴えの中で描かれる八五郎にも、盃の手を止めてふと物想いにふける姿があり（これは文樂型にはない）、また最後の部分の八五郎は、文樂型より多くしゃべり、気性の激しいところもある、いくぶん粗野だがそれなりに魅力的な男として描かれている。

笑いを呼ぶ言述でない物語《レシ》を完成させてゆく立場に立つとすれば、おさきが戻ったとき、一緒に食事をしようとして待っていたという、八五郎の優しさを示す事例に加えて、おさきに向かっての話し方などにも、おさきがこれだけ執着することを納得させる魅力がなければならない。

また、自分なりの生き方と主張をもった個人としての八五郎の存在感があってこそ、この夫婦の葛藤に物語としての感興が生まれるのだといえる。小朝のおさきは、八五郎にはげしく怒鳴られ、なかばやけになって、泣くような気持ちで、焼きものを壊す行為に突入する、その二人の呼吸が、小朝の『厩火事』ではリアリティをもって、描かれている。

文樂型の噺の洗練が、あくまで滑稽噺という枠組みの中での、滑稽噺本来の役割の完成に収斂してゆく志向をもっていたこと、つまり遊三型と彫琢の度合は違っても、噺家としての努力の方向は基本的に同じだったのにひきかえ、小朝が目指しているものは、さらにその枠を越えて、一歩踏み出すことにあるように思われる。それは文樂を頂点とする「かたる」行為を打ち破る言語行為、しかし志ん生のような生身の人間として「はなす」ことによって打ち破るのとも異なる行為、というべきであろう。

それは、物語《レシ》のリアリティを高めることで、物語のメッセージが物語の枠そのものを超えてしまう、いわば「文」学的創造行為を、文ではなく声によって実現する野心であるとも思える。

だが、そこには二つの問題がある。一つは、文化年間から一五〇年語り継がれてきたが、あくまで「落し噺」としてあった『厩火事』というネタが、そのような野心を担いきれるだけの、物語としての基盤をもっているかどうかという点であり、もう一つさらに根本的に、落語全体にかかわることだが、オチの問題である。

一部の人情噺などを除いて、オチないしサゲが落語という言述形式の特徴であることは、改めて指摘するまでもない。オチは落語という言述形式を枠付けし「かた」に入れている言述内的要因の最大のものだ。

考えてもみるがいい、『厩火事』で妻のからだのことを訊ねた夫が、その理由を問われて「お前が怪我でもしてみろ、遊んでて酒が飲めねェ」と言ったのに対して、妻は一体どう反応すればいいというのか。

結局妻は、夫と別れる決心をするのかどうか。オチは、これら一切を闇に葬ってしまう。落語として枠付けられた噺は、このオチで終わっていても、物語《レシ》としての『厩火事』は、むしろここから始まらなければならないのだ。

落語研究者によって「途端オチ」と呼ばれているこのオチ、つまりそれまで不明か曖昧なままで提示されていたものが、オチの一言でトタンに明らかになるようなオチによって締め括られる限り、『厩火事』は、筋立てや言語表現の上でたとえどのような洗練を経ようと、一つの「落し噺」に過ぎない。そこですべては終わり、客は笑い、拍手し、それがトリなら噺家が高座で手をついてくり返す「ありがとうございます」という声に送られて、満足して寄席を出るのだ。

物語はその定義からしても終わらなければならないが、落語のオチは、物語の結末ではありえない。八代目文樂に一つの極を見る、落語の「かたる」行為を突き破る道の一つは、オチの八五郎のことばで切らずに、物語として意味のある結末に到達するまで、『厩火事』を「はなし」続けてみることである。

先に述べたように、一九八〇年五月、三十六人抜きで真打《しんうち》に昇進した直後の頃の小朝の古典落語の録音を、初めて国立劇場資料室で聴いたとき、私は驚ろいた。真打に成りたてで、これだけ「古典」を高い完成度で話せるのでは、この先演《や》るものが無くなるのではないかと思った。その直後に、松竹の依頼で歌舞伎座を借り切っての独演会があり、私は行けなかったが、満員の盛況だったという。

一九九七年、落語家として初めて日本武道館で独演会を開催、超満員の観客を前にして大作二席を口演。舞台演劇にも進出し、二〇〇一年四月に日生劇場連続公演で山田五十鈴と共演を果たしたほか、二〇〇三年六月には新宿コマ劇場で上演された『恋や恋浮かれ死神』で落語家として史上初めてとなる座長公演を行った。

NHKの大河ドラマでも、『篤姫』（二〇〇八年）で近衛忠熙役を、『軍師官兵衛』（二〇一四年）で明智光秀役を演じている。

多くの受賞歴の締めとして、芸術選奨文部科学大臣賞を二〇一五年に受賞しており、公にもこの上ないと思われるほど認められている。

私が小朝に期待するのは、落語が元来持っていたはずの、笑いにくるんだ社会批判だが、この点でも小朝は、夏目漱石や菊池寛を正面からテーマに取り上げるなど、線の太い批評家精神を持っていると思う。その批評家精神が、多くのファンに支持されていることは、大ホールを満席にする小朝の独演会の聴衆の、老若男女、幅の広さからも明らかだ。普段、落語に接することが少ないような、常設の寄席などが無い地方でも、積極的に独演会を開いていることも評価したい。小朝の精神を受け継いだ後続の噺家が、輩出することを期待する。

柳家小満んさんとの付き合いは、八代目桂文樂に対する関心から、『べけんや（わが師、桂文楽）』（初版、平凡社、一九九六）の著者として、私が文京区西ヶ原にあった東京外国語大学アジア・アフリカ言語文化研究所教授だった確か二〇〇〇年代始め頃（西本晃二の『落語「死神」の世界』（青蛙房、二〇〇二）は読んでいた）、研究室に小満んさんをお招きしたのが発端だ。文樂師匠の好物だった黒門町うさぎ屋の石衣《いしごろも》を買っておいて、抹茶は妻の手作りの茶碗での自服《じふく》で、お話をした。

それがきっかけで、日本橋本町の、お江戸日本橋亭で隔月に催されていた小満んさんの独演会や、横浜関内での独演会にも私は頻繁に行って、小満んさん自身の詳細な解説付きの噺を、数多く拝聴した。

この頃二〇一一年四月に、「語り」を中心とする芸について、ゲストによる講演と討議、問題提起を行おうと意気込んだ集まり「うたげの会」が生まれた。メンバーは、赤坂憲雄、川田順造、佐々木幹郎、樋口良澄、兵藤裕己、藤井貞和、山本ひろ子の七人。この「うたげの会」で川田と樋口が担当だった八月に、川田の発案で、中野区弥生町に生まれたアングラ劇場Plan Bを借り切って、暗闇の中で小満んさんの『死神』を聴く企画を実現した。この会のために勉強し直して下さったのではと思われる、素晴らしい出来の『死神』のあと、川田の司会で、『落語「死神」の世界』で東大で学位を取ったばかりの西本晃二と小満んさんの対談と、来会者全員を含めた討論。かなりの収容力のある階段劇場に満員の来会者で、討論も活発。山本ひろ子指揮下の料理で夜更けまで歓談。入場料収入も予想を上回り、小満んさんへの謝金にも上乗せした。

この頃までが、小満んさんと川田の息の合った時期だ。その後小満んさんは、公演の準備に参照した資料を印刷して、独演会場で即売するようになった。

噺家は高座での「はなし」がすべてで、そこに至るまでの〝勉強ぶり〟や〝苦心談〟に類するものは、八代目文樂が「文樂ノート」を棺に入れて埋葬させたように、人に見せるべきものではないのではないかと私は言ったが、小満んさんはそれも資料として公開すべきだと言い、間もなくインターネットで資料集の通販もするようになった。

時期を同じくして、前は小満んさんの独演会に来てくれたことに対する礼状が、自作の俳句を添えた、手書きの葉書だったことに感銘を受けていたが、それもコンピューターの印刷になった。しかも案内状の宛名の誤記、私の名の誤記「順三」を直して欲しいと申し込んだところ、それは機械のせいだと言って取り合ってくれなかった。以後私は独演会に行くのをやめた。独演会の度ごとに「記録」も更新して通販にまわしているようで、独演会の高座は、「記録」を更新していく手段になったと言ってもいいのかも知れなかった。

このようにして、独演会の累積とそれに伴う「記録」の更新によって、小満んによる現代落語の集成が、いずれ実現するのであろう。小学生の頃、今村信雄のおじに連れられて、当時の名人たちの高座をナマで聴くことから始まった私の落語体験に、そうしたコンピューターによる集成が、何も付け加えるものがないことは、改めて言うまでもない。

参考文献抄

今村信雄　2000［1956］、『落語の世界』平凡社ライブラリー331、解説川田順造、原著：青蛙房、1956の改定版。

宇井無愁『日本人の笑い』角川選書11、1969

『落語のみなもと』中公新書704、1983

宇野信夫『私の出会った落語家たち　昭和名人奇人伝』河出文庫、2007

興津要『忘れえぬ落語家たち』河出文庫、2008

桂文楽八世「芸談あばらかべっそん」・五世古今亭志ん生「なめくじ艦隊」・五世三升家小勝「私の生立ち漫談」『日本人の自伝』21、平凡社、1981

川田順造「発話における反復と変差──「かたり」の生理学のための覚え書き」、『口頭承論』河出書房新社、1992：175〜294：平凡社ライブラリー『口頭伝承論』上、2001：

２５７〜４４６
——圓朝の「ことば」にとっての江戸／東京」（『東京人』２００７年９月号「三遊亭圓朝特集」）
『文化人類学とわたし』青土社、２００７に再録
——ハナシと文字のあいだ」『円朝全集』第２巻「月報」２、２０１３
——「ことばの危機—多言語的状況にどう向き合うか」（第３回文化史研究会２０１３／６／22
共立女大での口頭発表に加筆して『富士山と三味線　文化とは何か』青土社、２０１４：45〜
91に再録
小島貞二『志ん生の忘れもの』うなぎ書房、１９９９
春風亭小朝『苦悩する落語　二十一世紀へ向けての戦略』光文社カッパブックス、２０００
——『いま、胎動する落語　苦悩する落語２』ぴあ、２００６
——『小朝の落語塾』世界文化社、２０１０年
諸芸懇話会・大阪芸能懇話会（編）『古今東西落語家事典』平凡社、１９８９
志ん朝一門『よってたかって古今亭志ん朝』文藝春秋、２００６
関山和夫『話芸の系譜　大衆話芸の歴史をさぐる』歴史散歩シリーズH26、創元社、１９７３
高橋啓之『落語登場人物辞典』東京堂出版、２００５
伝統芸術の会（編）林家正蔵・郡司正勝・永六輔・小沢昭一、他執筆『話藝—その系譜と展開』
三一書房、１９７７

辻達也（編）『大岡政談』1、「東洋文庫」435：「白子屋阿熊之記」平凡社、1984
東大落語会（編）『増補落語事典』青蛙房、1994
西本晃二『落語『死神』の世界』青蛙房、2002
野村雅昭『落語の言語学』平凡社選書152、1994（平凡社ライブラリー435、2002）
延広真治『落語はいかにして形成されたか』平凡社、1986
延広真治（編）二村文人・中込重明（著）『落語の鑑賞201』新書館、2002
延広真治・山本進・川添裕（編）『落語の世界』（1「落語の愉しみ」：2「名人とは何か」3「落語の空間」）岩波書店、2003
林家正雀『師匠の懐中時計』うなぎ書房、2000河出文庫、2005
武藤貞夫（校注）『元禄期 軽口本集―近世笑話集（上）』岩波文庫黄251－1、1987：『安永期小咄本集―近世笑話集（中）』岩波文庫黄251－2、1987
『化政期落語 本集―近世笑話集（下）』岩波文庫黄251－3、1988
馮夢竜撰・松枝茂夫訳『全訳笑府』上下、岩波文庫　赤32－1、2、1983
保田武宏『ライブラリー落語事典・東京編』弘文出版、1982
柳家小満ん『べけんや（わが師・桂文楽）』（初版、平凡社、1996）河出文庫、2005：
――『江戸＝東京落語散歩〜噺の細道を歩く』河出書房新社、2009

矢野誠一『新版落語手帖』講談社、２００９
山本進『愉しい落語』草思社、２０１３
山本進（編）三遊亭圓楽（監修）『落語ハンドブック』三省堂、１９９６
『図説 落語の歴史』河出書房新社、２００６
『落語の履歴書』小学館１０１新書、２０１２

あとがき

何よりもまず、この本がどうやら出版に漕ぎつけられたのも、長年私の本を編集出版して下さって来た、青土社のベテラン編集者西館一郎さんのお蔭だということを、感謝をこめて記さなければならない。

アフリカで採録したお話を、日本の落語も視野に入れて論じた文章は、これまでも日本口承文芸学会の学会誌や、私も同人だった『社会史研究』などに発表し、それを集成した『口頭伝承論』(河出書房新社、一九九二)は、第46回毎日出版文化賞を受け、のちに平凡社の「同時代ライブラリー」にも収録された。

今度の西館さんの企画は、それを一般読書人が、楽しんで気楽に読める本にするというもので、斬新だが、編集の腕前がものをいう企画だ。

著者としては、十分お楽しみいただけたことを、祈るばかりだ。ありのままの読後感を、青土社あてにお寄せくだされば幸甚です。

二〇一九年十二月十五日

湯河原の自宅で　　川田順造

川田順造（かわだ・じゅんぞう）

1934年生まれ。人類学者。東京大学教養学科卒業。

パリ第5大学民族学博士。東京外国語大学アジア・アフリカ言語文化研究所教授を経て、現在は神奈川大学特別招聘教授。

主なる著書：『曠野から』（日本エッセイスト・クラブ賞）、『無文字社会の歴史』（渋沢敬三賞）、『聲』（歴程賞）、『口頭伝承論』（毎日出版文化賞）ほか多数。訳書：レヴィ＝ストロース『悲しき熱帯』ほか。

1994年フランス政府教育文化功労章、2009年文化功労者、2010ブルキナファソ政府文化勲章。

人類学者の落語論

2020 年 2 月 10 日　第 1 刷印刷
2020 年 2 月 20 日　第 1 刷発行

著者――川田順造

発行人――清水一人
発行所――青土社
東京都千代田区神田神保町 1-29　市瀬ビル　〒 101-0051
電話　03-3291-9831（編集）、03-3294-7829（営業）
振替　00190-7-192955

組版――フレックスアート
印刷・製本――シナノ印刷

装幀――中島かほる

ISBN978-4-7917-7130-1　　Printed in Japan

川田順造の本

文化を交叉させる　人類学者の眼
〈人間〉とは、〈文化〉とは――。思考のエッセンス。序文・レヴィ＝ストロース。

富士山と三味線　文化とは何か
各種「文化遺産」指定登録に沸く日本。一方では消滅の危機にある文化が多々。

人類学者への道
国際的な第一人者の、鮮烈で躍動する青春のドキュメント。

レヴィ＝ストロース論集成
二十世紀思想の巨星が照らす鮮烈で根源的な思想の核心に鋭利にそして多彩に迫る。